Geistige und leibliche Werke der Barmherzigkeit

BARMHERZIG WIE DER VATER

BARMHERZIG WIE DER VATER

Päpstlicher Rat zur Förderung
der Neuevangelisierung

Geistige und leibliche Werke der Barmherzigkeit

Jubiläum der Barmherzigkeit 2015–2016

Aus dem Spanischen von Monika Ottermann

Schwabenverlag

VERLAGSGRUPPE PATMOS

PATMOS
ESCHBACH
GRÜNEWALD
THORBECKE
SCHWABEN

Die Verlagsgruppe
mit Sinn für das Leben

www.schwabenverlag-online.de

Umschlaggestaltung: Finken & Bumiller, Stuttgart
Umschlagabbildung: © Stefan Weigand
Gestaltung, Satz und Repro: Schwabenverlag AG, Ostfildern
Druck: GGP Media GmbH, Pößneck
Hergestellt in Deutschland
ISBN 978-3-7966-1686-0

Zum Geleit

Die Heilige Schrift ist der Spiegel, der uns zeigt, wie sich die Barmherzigkeit in all ihrer Konkretheit ausdrückt. Wie die Seiten der Bibel zeigen, ist sie weniger eine gefühlsmäßige Dimension, denn die Konkretheit der Barmherzigkeit zeigt sich in ihren spürbaren und sichtbaren Ausdrucksformen. Und das zu Recht, denn, wie Papst Franziskus in seiner Bulle *Misericordiae vultus*, Das Antlitz der Barmherzigkeit, schreibt: „Gottes Barmherzigkeit ist nicht eine abstrakte Idee, sondern eine konkrete Wirklichkeit, durch die Er seine Liebe als die Liebe eines Vaters und einer Mutter offenbart, denen ihr Kind zutiefst am Herzen liegt" (MV 6).

Der „große Strom der Barmherzigkeit" versiegt niemals, denn es finden sich immer Menschen, die im Alltagsleben konkretes Zeugnis von ihm ablegen. Es ist ein unglaubliches Schauspiel, das wir da sehen können, vor allem in Zeiten großer gesellschaftlicher und wirtschaftlicher Probleme und bei den Folgen von Naturkatastrophen: eine Welle von Solidarität jenseits von Sprache, Rasse, Religion und Herkunftsland. Man entdeckt, dass es ein Gefühl gibt, das Männer und Frauen verbindet, nur weil sie alle Teil der Menschheit sind. Die Werke der leiblichen und geistigen Barmherzigkeit gehören zu diesem Prozess der menschlichen Solidarität, aber sie geben ihm auch einen wesentlichen Charakter. „Das habt ihr mir getan" (Mt 25,40) ist der spezielle Charakterzug, der es erlaubt, das christliche Zeugnis auszudrücken. Jesus hat sich mit denen identifiziert, die hungern und dürsten, nackt und fremd sind, krank oder gefangen, die von Zweifel oder Angst geplagt sind und Hilfe und Trost brauchen, um nicht zu verzweifeln. Zugleich fordert er, dass wir verzeihen und einem jeden, der in

Not ist, konkrete Taten von Güte, Geduld und Nachbarschaftlichkeit zukommen lassen. Wir sehen, dass wir gerufen sind, auf jeden Menschen und auf alle Menschen zu achten. Ein selbstloser Dienst, der seine Kraft nur aus dem Glauben an Jesus Christus gewinnt. Eine Berufung, auf die wir antworten müssen, die sich nicht auf materielle Bedürfnisse beschränken darf, sondern fähig ist, auch die Seele einzubeziehen, bei der oft die Notwendigkeit von Hilfe am dringendsten ist.

Der Päpstliche Rat zur Förderung der Neuevangelisierung ist Prof. Salvador Pié-Ninot aufrichtig dankbar dafür, dass er seine theologische und seelsorgerische Kompetenz zur Verfügung gestellt hat, die sich in dieser Reflexion niedergeschlagen hat. Wir sind sicher, dass die Lektüre dieser Seiten denen Unterstützung bieten wird, die während des Jubiläums der Barmherzigkeit in der Verborgenheit des Alltags Zeugen sein wollen von der Wiederentdeckung dieser so einfachen und konkreten Taten, die das Herz mit Freude erfüllen und wahren Trost schenken.

+ Rino Fisichella

Einführung

Die Werke der Barmherzigkeit im Jubiläum der Barmherzigkeit

In seiner Bulle zur Verkündigung des Außerordenlichen Jubiläums der Barmherzigkeit, *Das Antlitz der Barmherzigkeit*, beschreibt Papst Franziskus den Grund dieses großartigen Ausrufs des Heiligen Jahres ausgehend von der Situation unserer Welt, die ihn zu folgender bedeutsamen Feststellung veranlasst: „Wie viele prekäre Situationen und wie viel Leid gibt ist in unserer Welt!" Sie ist Teil des folgenden Textes:

In diesem Heiligen Jahr können wir die Erfahrung machen, wie es ist, wenn wir unsere Herzen öffnen für alle, die an den unterschiedlichsten existenziellen Peripherien leben, die die moderne Welt in oft dramatischer Weise hervorbringt. Wie viele prekäre Situationen und wie viel Leid gibt es in unserer Welt! Wie viele Wunden sind in das Fleisch so vieler Menschen gerissen, die keine Stimme mehr haben, weil ihr Schrei, aufgrund der Teilnahmslosigkeit der reichen Völker, schwach geworden oder gar ganz verstummt ist. In diesem Jubiläum ist die Kirche noch mehr aufgerufen, diese Wunden zu behandeln, sie mit dem Öl des Trostes zu lindern, sie mit der Barmherzigkeit zu verbinden und sie mit der geschuldeten Solidarität und Achtung zu heilen. Verfallen wir nicht in die Gleichgültigkeit, die erniedrigt, in die Gewohnheit, die das Gemüt betäubt und die verhindert, etwas Neues zu entdecken, in den Zynismus, der zerstört. Öffnen wir unsere Augen, um das Elend dieser Welt zu sehen, die Wunden so vieler Brüder und Schwestern, die ihrer Würde beraubt sind. Fühlen wir uns herausgefordert, ihren Hilfeschrei zu hören. Unsere Hände mögen ihre Hände erfassen und sie an uns heranziehen, damit sie die Wärme unserer Gegenwart, unserer Freundschaft und unserer Brüderlichkeit verspüren. Möge ihr Schrei zu dem unsrigen werden und mögen wir gemeinsam die Barriere der Gleichgültigkeit abtragen, der wir gerne freie Hand geben, um unsere Heuchelei und unseren Egoismus zu verbergen (Nr. 15a).

Ausgehend von dieser Einführung manifestiert Papst Franziskus sein Interesse daran, dass das christliche Volk über die Werke der leiblichen und geistlichen Barmherzigkeit nachdenkt, folgendermaßen:

Es ist mein aufrichtiger Wunsch, dass die Christen während des Jubiläums über die *leiblichen und geistigen Werke der Barmherzigkeit* nachdenken. Das wird eine Form sein, unser Gewissen, das gegenüber dem Drama der Armut oft eingeschlafen ist, wachzurütteln und immer mehr in die Herzmitte des Evangeliums vorzustoßen, in dem die Armen die Bevorzugten der göttlichen Barmherzigkeit sind. Die Verkündigung Jesu nennt uns diese Werke der Barmherzigkeit, damit wir prüfen können, ob wir als seine Jünger leben oder eben nicht. Entdecken wir erneut die *leiblichen Werke der Barmherzigkeit*: Hungrige speisen, Durstigen zu trinken geben, Nackte bekleiden, Fremde aufnehmen, Kranke pflegen, Gefangene besuchen und die Toten begraben. Und vergessen wir auch nicht die *geistigen Werke der Barmherzigkeit*: den Zweifelnden recht raten, die Unwissenden lehren, die Sünder zurechtweisen, die Betrübten trösten, Beleidigungen verzeihen, die Lästigen geduldig ertragen und für die Lebenden und Verstorbenen zu Gott beten. Wir können uns nicht den Worten des Herrn entziehen, auf deren Grundlage wir einst gerichtet werden: Haben wir dem Hungrigen zu essen gegeben und dem Durstigen zu trinken? Haben wir Fremde aufgenommen und Nackte bekleidet? Hatten wir Zeit, um Kranke und Gefangene zu besuchen? (vgl. Mt 25,31-45). Genauso werden wir gefragt werden, ob wir geholfen haben, den Zweifel zu überwinden, der Angst schüren und oft auch einsam machen kann. Waren wir fähig, die Unwissenheit zu besiegen, in der Millionen Menschen leben, besonders die Kinder, denen ist an der notwendigen Hilfe fehlt, um der Armut entrissen zu werden? Waren wir denen nahe, die einsam und bekümmert sind? Haben wir denen vergeben, die uns beleidigt haben, und jede Art von Groll und Hass abgewehrt, die zur Gewalt führen? Hatten wir Geduld nach dem Beispiel Gottes, der selbst so geduldig mit uns ist? Und schlussendlich, haben wir unsere Schwestern und Brüder im Gebet dem Herrn anvertraut? In einem jeden dieser „Geringsten" ist Christus gegenwärtig. Sein Fleisch wird erneut sichtbar in jedem gemarterten, verwundeten, gepeitschten, unterernährten, zur Flucht gezwungenen Leib ..., damit wir Ihn erkennen, Ihn berühren, Ihm sorgsam beistehen. Vergessen wir nicht die Worte des heiligen Johannes vom Kreuz: „Am Abend unseres Lebens werden wir nach der Liebe gerichtet werden." (Nr. 15bc)

Und in diesem Kontext stellt Papst Franziskus das Gnadenjahr, das dieses Außerordenliche Jubiläum der Barmherzigkeit ist, folgendermaßen vor:

Im Lukasevangelium finden wir einen weiteren wichtigen Aspekt, der hilft, das Jubiläum im Glauben zu leben. Der Evangelist berichtet, wie Jesus nach Nazaret zurückkehrte und, wie ist Brauch war, am Weishbat in die Synagoge ging. Sie baten ihn, aus der Schrift vorzulesen und diese auszulegen. Es handelte sich um den Abschnitt aus dem Propheten Jesaja, wo es heißt: „Der Geist Gottes, des Herrn, ruht auf mir, denn der Herr hat mich gesalbt. Er hat mich gesandt, damit ich den Armen eine frohe Botschaft bringe und alle heile, deren Herz zerbrochen ist, damit ich den Gefangenen die Entlassung verkünde und den Gefesselten die Befreiung, damit ich ein Gnadenjahr des Herrn ausrufe" (Jes 61,1-2). Ein „Gnadenjahr des Herrn" ist es, das vom Herrn verkündet wird und das wir leben wollen. Dieses Heilige Jahr bringt den Reichtum der Sendung Jesu mit sich, so wie ist in den Worten des Propheten anklingt: den Armen ein Wort und eine Geste des Trostes bringen, denen, die in den neuen Formen der Sklaverei der modernen Gesellschaft gefangen sind, die Freiheit verkünden, denen die Sicht wiedergeben, die nicht mehr sehen können, weil sie nur noch auf sich selbst schauen, denen die Würde zurückgeben, denen man sie geraubt hat. Die Verkündigung Jesu wird in der Antwort aus dem Glauben erneut sichtbar werden, d. h. im Lebenszeugnis, das die Christen gerufen sind zu geben. Dabei begleitet uns das Apostelwort: „Wer Barmherzigkeit übt, der tue ist freudig" (Röm 12,8). (Nr. 16)

Die Werke der Barmherzigkeit im Katechismus der Katholischen Kirche

Die Werke der leiblichen und geistigen Barmherzigkeit werden im *Katechismus der Katholischen Kirche* (1992) so beschrieben:

„Die Werke der Barmherzigkeit sind Liebestaten, durch die wir unserem Nächsten in seinen leiblichen und geistigen Bedürfnissen zuhilfe kommen (vgl. Jes 58,6-7; Hebr 13,3). Belehren, raten, trösten, ermutigen sowie vergeben und geduldig ertragen sind geistliche Werke der Barmherzigkeit. Leibliche Werke der Barmherzigkeit sind vor allem: die Hungrigen speisen, Obdachlose beherbergen, Nackte bekleiden, Kranke und Gefangene besuchen und Tote begraben (vgl. Mt 25,31-46). Unter diesen Werken ist das Almosenspenden an Arme (vgl. Tob 4,5-11; Sir 17,22) eines der Hauptzeugnisse der Bruderliebe; es ist auch eine Gott wohlgefällige Tat der Gerechtigkeit (vgl. Mt 6,2-4)" (Nr. 2447).

Wir müssen beachten, dass dieser Text des *Katechismus* innerhalb des Abschnitts mit dem Titel „Liebe zu den Armen" (2442–2449) steht und dass ihm ein Zitat des *Zweiten Vatikanischen Konzils* vorausgeht, das mit Nachdruck bestätigt, dass die Werke der Barmherzigkeit nicht die Gerechtigkeit ersetzen, denn: „Zuerst muß man den Forderungen der Gerechtigkeit Genüge tun, und man darf nicht als Liebesgabe anbieten, was schon aus Gerechtigkeit geschuldet ist" (*Apostolicam Actuositatem*, Über das Laienapostolat, Nr. 8) (Nr. 2446). Der nachfolgende Text enthält dann eine Rechtfertigung „der vorrangigen Liebe […] zu den vom Elend Bedrückten" (Nr. 2448), welche von den Werken der Barmherzigkeit vorausgesetzt wird, mit einer brillianten Erklärung, die ganz aus einem Text der *Glaubenskongregation* (1987) über die Befreiungstheologie stammt, der Folgendes sagt:

„Unter seinen vielfältigen Formen – materielle Not, Unrecht und Unterdrückung, leibliche und seelische Krankheiten und schließlich der Tod – ist das menschliche Elend das offenkundige Zeichen für den Zustand einer angeborenen Schwäche, in dem sich der Mensch nach der Ursünde befindet, sowie für die Notwendigkeit einer Heilung. Darum hat es das Mitleid Christi, des Erlösers, geweckt, der dieses Elend hat auf sich nehmen und sich mit den ‚geringsten seiner Brüder' hat identifizieren wollen. Darum richtet sich auf alle, die davon bedrückt sind, auch eine vorrangige Liebe der Kirche, die seit ihren Anfängen, ungeachtet der Schwächen vieler ihrer Glieder, unaufhörlich dafür gewirkt hat, die Bedrückten zu stützen, zu verteidigen und zu befreien. Das hat sie getan durch zahllose Werke der Wohltätigkeit, die immer und überall unentbehrlich bleiben" (Kongregation für die Glaubenslehre, Instruktion *Libertatis conscientia*, Über die christliche Freiheit und Befreiung, 68) (Nr. 2448).

Verwurzelung der Barmherzigkeit und ihrer Werke in der Heiligen Schrift

Das lateinische Wort *misericordia* (Barmherzigkeit, Erbarmen) ist aus den Worten *misere* (Elend, Not) und *cor/cordis* (Herz) gebildet und bedeutet, ein solidarisches Herz für diejenigen zu haben, die Not leiden. Deshalb wird in der Umgangssprache die *Barmherzigkeit* mit Mitleid und Vergebung identifiziert. Obwohl diese Identifizierung richtig ist, verbirgt sie doch den konkreten Reichtum, der für die Bibel hinter dem Wort *Barmherzigkeit* steht. Für das Volk Israel entsteht die Barmherzigkeit ausgehend von der Kombination zweier Denkströmungen: Mitleid zusammen mit dem Erbarmen, das Geduld hat, und die Treue zusammen mit der Liebe als Forderung. Deshalb ist es nicht befremdlich, dass die gängigeren Übersetzungen schwanken zwischen den Wörtern Barmherzigkeit und Liebe, und auch Wörter wie Zärtlichkeit, Erbarmen, Mitleid, Milde, Güte und sogar Gnade oder Gabe Gottes einschließen, und uns so ein allgemeineres und weiteres Verständnis bieten. Tatsächlich zeigt Gott in allem seine Zärtlichkeit gegenüber dem menschlichen Elend, und der Mensch seinerseits soll sich barmherzig gegenüber seinem Nächsten zeigen und so „Gott, den Herrn der Barmherzigkeit“ (Weish 9,1) und den „Gott und Vater unseres Herrn Jesus Christus, den Vater der Barmherzigkeiten“ (2 Kor 1,3) nachahmen.

Um von *Barmherzigkeit* zu sprechen, gebrauchen die Bücher des Alten Testaments vor allem zwei Ausdrücke. Vor allem finden wir den Begriff *hesed*, der eine Haltung tiefer Güte bezeichnet und auch Gnade und Liebe bedeutet. Der zweite Begriff ist *raham*, eine Wurzel, die auf die Liebe der Mutter verweist, welche Güte, Zärtlichkeit, Geduld, Verständnis und Bereitschaft zum Verzeihen umfasst. Die üblichste griechische Übersetzung beider Begriffe und ihr bevorzugter Gebrauch im Neuen Testament ist *eleos*, ein Wort, von dem die liturgische Anrufung *Kyrie eleison*: *Herr, erbarme dich!* sowie das Wort „Almosen“ (über das lateinische Wort *eleemosyna*) stammen. Die biblische „Barmherzigkeit“ drückt also ganz klar das Gefühl aus, das gegenüber einer Not und einem Unglück aufsteigt, und auch das Handeln, das aus diesem Gefühl entspringt, was bedeutet: Mitleid und Erbarmen haben, sich erbarmen, eine innerliche Bewegung spüren (wie eine Mutter), mitleidig sein, Liebe, Zärtlichkeit und ein zärtliches Gefühl haben, Huld erweisen, aus einer Beziehung von Treue entspringende Hilfe, die konkreten Taten, die dazu gehören … (vgl. die etymologische Analyse dieses Begriffs in der Enzyklika des hl. Johannes Paul II., *Dives in misericordia*, Über das göttliche Erbarmen, Nr. 52).

Altes Testament: „Seine Huld (Barmherzigkeit) währt ewig" (Ps 136)

Die Anrufungen des Psalmisten werden nicht müde, immer neu zu wiederholen: „Hab Barmherzigkeit/Mitleid mit mir, Herr!“ (Ps 4,2; 6,3; 9,14; 25,16; vgl. 50,1 usw.), und auch die Verkündigungen in Danksagungen wiederholen: „Danket dem Herrn, denn er ist gütig, denn seine Huld währt ewig“ (Ps 107,1), jene Huld, die Gott besonders in der ganzen Geschichte des auserwählten Volkes gezeigt hat. Der Ausgangspunkt für dieses Verständnis findet sich in den ersten Überlieferungen über die Berufung des Mose, die es so ausdrücken: „Der Herr sprach: Ich habe das Elend meines Volkes in Ägypten gesehen und ihre laute Klage über ihre Antreiber habe ich gehört. Ich kenne ihr Leid. Ich bin herabgestiegen, um sie der Hand der Ägypter zu entreißen…" (Ex 3,7 f.). Diese Haltung Gottes kommt aus seiner Treue zum Bund: „Ferner habe ich gehört, wie die Israeliten darüber stöhnen, dass die Ägypter sie wie Sklaven behandeln. Da habe ich meines Bundes gedacht" (Ex 6,5). In seiner Barmherzigkeit kann Gott es also nicht kann ertragen, das Elend seines auserwählten Volkes zu sehen, denn durch den Bund hat er aus ihm ein Wesen „von seiner Art" gemacht (Apg 17,28).

Am Sinai zeigt sich der grundlegende Charakter der Barmherzigkeit Gottes für sein Volk, wenn es heißt: „Jahwe ist ein barmherziger und gnädiger Gott, langmütig, reich an Huld und Treue: Er bewahrt Tausenden Huld, nimmt Schuld, Frevel und Sünde weg, lässt aber (den Sünder) nicht ungestraft; er verfolgt die Schuld der Väter an den Söhnen und Enkeln, an der dritten und vierten Generation" (Ex 34,6; vgl. Num 14,19; Jer 3,12 f.; Klgl 3,22 f.). In der prophetischen Erfahrung nimmt diese Barmherzigkeit zutiefst menschliche Züge an, wenn der Prophet Hosea offenbart, dass Gott beschlossen hatte, Israel keine Barmherzigkeit zu gewähren und es zu strafen (vgl. Hos 1,6), dass aber dann sein „Herz sich gegen ihn wendet und seine Eingeweide [sein Mitleid] auflodern", sodass er deshalb verkündet: „Ich will meinen glühenden Zorn nicht vollstrecken […]. Denn ich bin Gott […]. Darum komme ich nicht in der Hitze des Zorns" (Hos 11,8 f.). Aus dieser Haltung kommt auch die wichtige Synthese desselben Propheten: „Barmherzigkeit will ich und nicht Opfer" (Hos 6,6).

Wir können tatsächlich sagen, dass die Propheten genauso, wie sie die schlimmsten Katastrophen ankündigen, auch die Zärtlichkeit von Gottes Herz betonen, wie es sich in folgendem bewegendem Ausruf ausdrückt: „Ist mir denn Efraim ein so teurer Sohn oder mein Lieblingskind? Denn sooft ich ihm auch Vorwürfe mache, muss ich doch immer wieder an ihn denken. Deshalb schlägt mein Herz für ihn, ich muss mich seiner erbarmen“ (Jer 31,20; vgl. Jes 49,14 f.; 54,7). Deshalb ist Israel überzeugt, dass Gottes Barmherzigkeit alle menschliche Erfahrung übersteigt, wenn es fragt: „Wer ist ein Gott wie du, der du Schuld verzeihst und dem Rest deines Erbvolkes das Unrecht vergibst? Gott hält nicht für immer fest an seinem Zorn; denn er liebt es, gnädig zu sein“ (Mi 7,18). Auf diese Weise bleibt der Schrei des Psalmisten lebendig, wenn wir in dem Psalm, der *Miserere* genannt wird, beten: „Gott, sei mir gnädig nach deiner Huld, tilge meine Frevel nach deinem reichen Erbarmen!“ (Ps 51,3).

Da Gottes Barmherzigkeit keine andere Grenze kennt als die Herzensverhärtung des Sünders (vgl. Jes 9,16; Jer 16,5.13), eröffnet sich nach dem Exil mit der Jona-Geschichte eine neue universalistische Perspektive, die ausgeht von der Satire über die verschlossenen Herzen, die nicht die übergroße Zärtlichkeit Gottes akzeptieren, wie uns folgender Vers erinnert: „Ich wusste, dass du ein gnädiger und barmherziger Gott bist, langmütig und reich an Huld, und dass deine Drohungen dich reuen“ (Jona 4,2). Es ist nicht grundlos, wenn Jesus Sirach klar sagt: „Das Erbarmen des Menschen gilt nur seinem Nächsten, das Erbarmen des Herrn allen Menschen“ (Sir 18,13). Vor allem spricht das AT vom „Herrn der Barmherzigkeit“ (Weish 9,1; vgl. Sir 47,22), des „Mitleids“, des „Erbarmens“ und der „Güte“ (Sir 5,6; Weish 6,6; 12,22).

Und deshalb wird die einstimmige Überlieferung Israels vom Psalmisten auf herrliche Weise in einer klar universalistischen Perspektive so zusammengefasst: „Der Herr ist barmherzig und gnädig, langmütig und reich an Güte. Er wird nicht immer zürnen, nicht ewig im Groll verharren. Er handelt an uns nicht nach unsern Sünden und vergilt uns nicht nach unsrer Schuld. [...] Wie ein Vater sich seiner Kinder erbarmt, so erbarmt sich der Herr über alle, die ihn fürchten" (Ps 103,8f.13f.). Und all das, „weil die Barmherzigkeit vom Herrn kommt" (Ps 130,7), denn „seine Huld währt ewig", wie die liturgische Anrufung sagt, die inständig 26 Mal in Psalm 136 wiederholt wird!

Gott hält sich also an seine Verheißungen, und trotz der Untreue des Menschen ist es seine Barmherzigkeit, die hoffen lässt, dass die endgültige Befreiung von allem Übel geschehen wird. Und deshalb nimmt sie in der Heilsgeschichte einen Wert von zukünftigem und endgültigem Heil an, wie uns ganz herrlich das zeigt, was der Herr Jerusalem sagt: „mit ewiger *Huld* habe ich Erbarmen mit dir [...]. Auch wenn die Berge von ihrem Platz weichen und die Hügel zu wanken beginnen - meine *Huld* wird nie von dir weichen, und der Bund meines Friedens nicht wanken" (Jes 54, 8.10; vgl. Jer 31,3; Mi 7,20; Ps 85,8; 90,14; 106.45; 130,7 usw.).

So verwandelt sich im Alten Testament „Barmherzigkeit" immer mehr in das Fachwort, welches das Liebeswerk der „Almosen" meint, als Bezeichnung eines Handelns, das das Gute im Sinne von Wohltätigkeit tut, besonders zugunsten der Armen (vgl. Spr 21,26; Dan 4,24; Tob 1,3; 4,5-11; Sir 7,10; 17,22; auch im NT, bei Mt 6,2f.; Apg 9,36; 10,2; 24,17).

Die konkreten Werke und Taten der Barmherzigkeit im Alten Testament

Beim Propheten Jesaja finden sich sichtbare Taten der Realisierung von Barmherzigkeit, die jene Liste zu inspirieren scheinen, die beim Letzten Gericht in Mt 25,35 erscheint: „Nein, das ist ein Fasten, wie ich es liebe: die Fesseln des Unrechts zu lösen, die Stricke des Jochs zu entfernen, die Versklavten freizulassen, jedes Joch zu zerbrechen, an die Hungrigen dein Brot auszuteilen, die obdachlosen Armen ins Haus aufzunehmen, wenn du einen Nackten siehst, ihn zu bekleiden und dich deinen Verwandten nicht zu entziehen" (Jes 58,6-7).

Und außerdem findet sich bei ihm die großartige Beschreibung der Sendung und der Werke des Propheten, die dann als Vorstellung von Jesu Sendung nach Lk 4,16-21 und 7,22 dient: „Der Geist Gottes, des Herrn, ruht auf mir; denn der Herr hat mich gesalbt. Er hat mich gesandt, damit ich den Armen eine frohe Botschaft bringe und alle heile, deren Herz zerbrochen ist, damit ich den Gefangenen die Entlassung verkünde und den Gefesselten die Befreiung, damit ich ein Gnadenjahr des Herrn ausrufe, einen Tag der Vergeltung unseres Gottes, damit ich alle Trauernden tröste" (Jes 61,1 f.).

Zur Verteidigung seines Verhaltens erinnert Ijob folgendermaßen an seine Wohltaten: „Wenn ich der Armen Wunsch versagte, verschmachten ließ der Witwe Augen, wenn ganz allein ich meinen Bissen aß, das Waisenkind aber nicht davon aß […], wenn ich den Verlorenen sah ohne Kleid und ohne Decke den Verarmten, […] wenn meine Hand der Waisen drohte, weil ich am Tor Helfer für mich sah, dann falle die Schulter mir vom Nacken, breche der Arm mir aus dem Gelenk. Ja, Schrecken träfe mich, Gottes Verderben, vor seiner Hoheit hielte ich nicht […]" (Ijob 31,16.17.19.21.22.23).

Schon zuvor hatte er sich geweigert, folgende Anschuldigungen anzuerkennen: „Du pfändest ohne Grund deine Brüder, ziehst Nackten ihre Kleider aus. Den Durstigen tränkst du nicht mit Wasser, dem Hungernden versagst du das Brot" (Ijob 22,6-7).

Jesus Sirach erinnert an folgende Werke: „Streck deine Hand auch dem Armen entgegen, damit dein Segen vollkommen sei. Schenk jedem Lebenden deine Gaben und auch dem Toten versag deine Liebe nicht! Entzieh dich nicht den Weinenden, vielmehr trauere mit den Trauernden! Säume nicht, den Kranken zu besuchen, dann wirst du von ihm geliebt" (Sir 7,32-35). „Mit großer Geisteskraft schaute er die Zukunft und tröstete die Trauernden in Zion" (Sir 48,24).

Und Tobit wird in seiner eigenen Aufzählung als neues Element das „Begraben der Toten" hinzufügen: „Schon zur Zeit Salmanassars hatte ich den Brüdern meines Stammes aus Barmherzigkeit viel geholfen: Ich gab den Hungernden mein Brot und den Nackten meine Kleider; wenn ich sah, dass einer aus meinem Volk gestorben war und dass man seinen Leichnam hinter die Stadtmauer von Ninive geworfen hatte, begrub ich ihn. Ich begrub heimlich auch alle, die der König Sanherib hinrichten ließ, nachdem er wie ein Flüchtling aus Judäa heimgekehrt war. Denn viele ließ er in seiner Wut hinrichten. Wenn aber der König die Leichen suchen ließ, waren sie nicht mehr zu finden" (Tob 1,16-18).

Neues Testament: „Selig die Barmherzigen, denn sie werden Erbarmen finden" (Mt 5,7)

Um den Heilswillen Gottes zu erfüllen, wollte Jesus Christus sich „den Menschen ähnlich machen" (Phil 2,7), um selbst die Konditionen derer zu erleben, die er erlösen wollte. Daher kommt die Barmherzigkeit, die Jesus allgemein gegenüber den Menschenmengen bekannte (vgl. Mt 9,36: „Als er die vielen

Menschen sah, hatte er Mitleid mit ihnen"; Mt 14,14: „Als Jesus die vielen Menschen sah, hatte er Mitleid mit ihnen"; Mt 15,32: „Ich habe Mitleid mit diesen Menschen"). Das Lukasevangelium betont mehr persönliche Aspekte, wenn es vom „einzigen Sohn" einer Witwe (vgl. Lk 7,13) oder von untröstlichen Eltern (vgl. Lk 8,42; 9,38.42) spricht. Auch zeigt es ein besonderes Wohlwollen gegenüber den Frauen und den Ausländern, denn „alle Menschen werden Gottes Heil sehen" (Lk 3,6). Wenn also Jesus, der „barmherzige Hohepriester" (Hebr 2,17), Mitleid und Barmherzigkeit mit allen hat, versteht man, dass die Leidenden sich mit der Anrufung „Herr, erbarme dich" (*Kyrie eleison!:* Mt 15,22; 17,15; 20,30 f.) an ihn wenden.

Gott, der „Vater der Barmherzigkeiten" (2 Kor 1,3; Jak 5,11), gewährt diese dem Paulus (vgl. 1 Kor 7,25; 2 Kor 4,1; 1 Tim 1,13) und verheißt sie allen Gläubigen (vgl. Mt 5,7; 1 Tim 1,2; 2 Tim 1,2; Tit 1,4; 2 Joh 3). Die für die Heilsgeschichte typische Perspektive der Barmherzigkeit ist umfassend gegenwärtig in den beiden zentralen Gesängen der Kindheitsgeschichte Jesu nach Lukas, zuerst in Marias *Magnificat* (vgl. Lk 1,50.54) und dann im *Benedictus* des Zacharias (vgl. Lk 1,72.78). Die überreiche Fülle der Barmherzigkeit wird in einen paradoxen und nachdrücklichen Satz des Paulus zusammengefasst, wenn dieser sagt: „Gott hat alle in den Ungehorsam eingeschlossen, um sich aller zu erbarmen" (Röm 11,32).

„Seid barmherzig, wie euer Vater barmherzig ist" (Lk 6,36). Das ist nach Mt 5,7 eine grundlegende Bedingung, um ins Himmelreich einzugehen: „Selig die Barmherzigen, denn sie werden Barmherzigkeit finden", und Jesus folgt dabei dem Propheten Hosea (vgl. Mt 9,13; 12,7 = Hos 6,6: „Barmherzigkeit will ich und nicht Opfer"). Wie beim Guten Samariter (vgl. Lk 10,30-37) muss diese Zärtlichkeit auch die Barmherzigkeit mit jenen möglich machen, die uns beleidigen (vgl. Mt 18,23-33), weil Gott immer „Barmherzigkeit" erweist (Mt 18,32). Deshalb wird es beim Letzten Gericht um die Barmherzigkeit gehen, die, wenn auch unbewusst, gegenüber Jesus geübt wurde, der in den bedürftigen Menschen gegenwärtig ist (vgl. Mt 25,31-46), denn die Liebe Gottes ist nur in denen, die Barmherzigkeit üben, denn: „Wenn jemand Vermögen hat und sein Herz vor dem Bruder verschließt, den er in Not sieht, wie kann die Gottesliebe in ihm bleiben?" (1 Joh 3,17).

Der paradigmatische Text in Matthäus 25, 31–46

Es handelt sich um eine Zusammenfassung der Lehre und der Forderungen des ganzen Evangeliums, in dem Sinne, dass die Brüder und Schwestern des Menschensohnes alle bedürftigen und marginalisierten Menschen unserer Welt sind. Der Text präsentiert sich als ein Letztes Gericht, auf ähnliche Weise wie die Gerichtsszenen, die sich in der apokalyptischen Literatur finden (vgl. Joel 3,1-3; Dan 7,7-27; vgl. Jes 11,4), die gewisse Reflexe im NT hat (1 Kor 6,2: „die Heiligen werden die Welt richten"; vgl. Offb 20,4). Diese Szenen werden aus der Perspektive der Schwachen und Unterdrückten gezeigt, die ihre Befreiung in der Gerechtigkeit des Reiches Gottes finden und so offenbaren, wie das definitive Gericht über die Geschichte aussehen wird. So zeigt sich, dass die Ungerechtigkeit der gegenwärtigen Welt keine ewige Dauer hat, weil Gottes Handeln eine Umkehr der derzeit geltenden Ordnung bewirken wird.

Der Gericht gilt unterschiedslos allen „Völkern" (Mt 25,32), eine Formulierung, in der die abschließenden prophetischen Worte nachhallen: „Ich kenne ihre Taten und ihre Gedanken und komme, um die Völker aller Sprachen zusammenzurufen, und sie werden kommen und meine Herrlichkeit sehen" (Jes 66,18) und die abschließende Mahnung bei Lukas: „Wacht und betet allezeit, damit ihr allem, was geschehen wird, entrinnen und vor den Menschensohn hintreten könnt" (Lk 21,36). Diese universalistische Interpretation des Gerichts, also ein Verständnis, das alle Menschen umfasst, kündigt sich schon zuvor im Matthäusevangelium an, wenn es heißt: „Der Menschensohn wird mit seinen Engeln in der Hoheit seines Vaters kommen und jedem Menschen vergelten, wie es seine Taten verdienen" (Mt 16,27), sowie im Gleichnis vom Unkraut, in dem „der Acker die Welt ist" (Mt 13,36-43.38).

Wir müssen beachten, dass diese universalistische Interpretation von Mt 25, deren Kern die Identifizierung der „geringsten meiner Brüder" mit allen bedürftigen Menschen ist, seit dem 20. Jahrhundert die mehrheitliche ist und von der großen Mehrheit der Spezialisten aus unterschiedlichen christlichen Konfessionen, die Mt 25 analysiert haben. In dieses universalistische Verständnis fügt sich genau die Pastoralkonstitution *Gaudium et spes,* Über die Kirche in der Welt von heute, des *Zweiten Vatikanischen Konzils* ein, die Mt 25,40 zur Grundlage der universalen Nächstenliebe macht, wenn sie sagt:

Heute ganz besonders sind wir dringend verpflichtet, uns zum Nächsten schlechthin eines jeden Menschen zu machen und ihm, wo immer er uns begegnet, tatkräftig zu helfen, ob es sich nun um alte, von allen verlassene Leute handelt oder um einen Fremdarbeiter, der ungerechter Geringschätzung begegnet, um einen Heimatvertriebenen oder um ein uneheliches Kind, das unverdienterweise für eine von ihm nicht begangene Sünde leidet, oder um einen Hungernden, der unser Gewissen aufrüttelt durch die Erinnerung an das Wort des Herrn: ‚Was ihr einem der Geringsten von diesen meinen Brüdern getan habt, das habt ihr mir getan' (Mt 25,40). (GS 27)

Neben der Behandlung der Werke der Barmherzigkeit in Nr. 2447, die schon oben zitiert wurde, verweist der *Katechismus der Katholischen Kirche* auf Mt 25 für die theologische Fundamentierung von *Christus als Arzt*: „Sein Mitleid mit allen Leidenden geht so weit, dass er sich mit ihnen identifiziert: ‚Ich war krank, und ihr habt mich besucht' (Mt 25,36)" (Nr. 1503). Und *bezüglich des Menschen*: „Je größer die Hilflosigkeit eines Menschen in irgendeinem Lebensbereich ist, desto dringender ist die Pflicht, sich ihm durch tätigen Beistand als Nächster zu erweisen. ‚Was ihr für einen meiner geringsten Brüder getan habt, das habt ihr mir getan' (Mt 25,40)" (Nr. 1932).

Hier der Text von Mt 25,31-46, des Weltgerichtes über die Liebe, die sich in den Werken der Barmherzigkeit ausdrückt:

31 Wenn der Menschensohn in seiner Herrlichkeit kommt und alle
Engel mit ihm, dann wird er sich auf den Thron seiner Herrlichkeit
setzen. 32 Und alle Völker werden vor ihm zusammengerufen werden
und er wird sie voneinander scheiden, wie der Hirt die Schafe von den
Böcken scheidet. 33 Er wird die Schafe zu seiner Rechten versammeln,
die Böcke aber zur Linken. 34 Dann wird der König denen auf der rech-
ten Seite sagen: Kommt her, die ihr von meinem Vater gesegnet seid,
nehmt das Reich in Besitz, das seit der Erschaffung der Welt für euch
bestimmt ist. 35 Denn ich war hungrig und ihr habt mir zu essen
gegeben; ich war durstig und ihr habt mir zu trinken gegeben; ich war
fremd und obdachlos und ihr habt mich aufgenommen; 36 ich war
nackt und ihr habt mir Kleidung gegeben; ich war krank und ihr habt

mich besucht; ich war im Gefängnis und ihr seid zu mir gekommen.
37 Dann werden ihm die Gerechten antworten: Herr, wann haben wir
dich hungrig gesehen und dir zu essen gegeben, oder durstig und dir
zu trinken gegeben? 38 Und wann haben wir dich fremd und obdach-
los gesehen und aufgenommen, oder nackt und dir Kleidung gegeben?
39 Und wann haben wir dich krank oder im Gefängnis gesehen und
sind zu dir gekommen? 40 Darauf wird der König ihnen antworten:
Amen, ich sage euch: Was ihr für einen meiner geringsten Brüder ge-
tan habt, das habt ihr mir getan. 41 Dann wird er sich auch an die auf
der linken Seite wenden und zu ihnen sagen: Weg von mir, ihr Ver-
fluchten, in das ewige Feuer, das für den Teufel und seine Engel be-
stimmt ist! 42 Denn ich war hungrig und ihr habt mir nichts zu essen
gegeben; ich war durstig und ihr habt mir nichts zu trinken gegeben;
43 ich war fremd und obdachlos und ihr habt mich nicht aufgenom-
men; ich war nackt und ihr habt mir keine Kleidung gegeben; ich war
krank und im Gefängnis und ihr habt mich nicht besucht. 44 Dann
werden auch sie antworten: Herr, wann haben wir dich hungrig oder
durstig oder obdachlos oder nackt oder krank oder im Gefängnis ge-
sehen und haben dir nicht geholfen? 45 Darauf wird er ihnen antwor-
ten: Amen, ich sage euch: Was ihr für einen dieser Geringsten nicht
getan habt, das habt ihr auch mir nicht getan. 46 Und sie werden
weggehen und die ewige Strafe erhalten, die Gerechten aber das
ewige Leben.

Die in Mt 25 aufgeführten Werke und ihre biblisch-jüdische Überlieferung

Die drei Paare *ich hatte Hunger und ich hatte Durst / ich war fremd und ich war nackt / ich war krank und ich war im Gefängnis* nehmen eine Überlieferung aus dem Alten Testament auf, insbesondere Jes 58,6-9 (Gefangene, Unterdrückte, Hungernde, Obdachlose, Nackte, Verwundete); 61,1-2 (Arme, Verzweifelte, Gefesselte, Gefangene); Ijob 22,6 f. (Nackte, Hungernde, Dürstende); 31,17.19.21.31 f. (Waise, Nackte, Arme, Unschuldige, Ausländer); Tob 1,16-17 (Hungernde, Nackte, Tote); 4,16 (Hungernde, Nackte); Sir 7,34 f. (Betrübte, Kranke); 42,8; 63,1 (Nackte, Hungernde).

Mt 25 seinerseits hat Parallelen zu den verschiedenen Tugendkatalogen des Neues Testaments, die mit *Barmherzigkeit* zu tun haben: „Seid alle eines Sinnes, voll Mitgefühl und brüderlicher Liebe, seid barmherzig und demütig!" (1 Petr 3,8); „Wer zum Trösten und Ermahnen berufen ist, der tröste und ermahne. Wer gibt, gebe ohne Hintergedanken; wer Vorsteher ist, setze sich eifrig ein; wer Barmherzigkeit übt, der tue es freudig. […] Freut euch mit den Fröhlichen und weint mit den Weinenden!" (Röm 12,8.15); „Ihr seid von Gott geliebt, seid seine auserwählten Heiligen. Darum bekleidet euch mit aufrichtigem Erbarmen, mit Güte, Demut, Milde, Geduld!" (Kol 3,12); „Denkt an die Gefangenen, als wäret ihr mitgefangen; denkt an die Misshandelten, denn auch ihr lebt noch in eurem irdischen Leib" (Hebr 13,3).

Gleichermaßen finden sich in der jüdischen Literatur Zeugnisse für Aufzählungen von „Liebeswerken" und „Almosen", und wir müssen daran denken, dass *Barmherzigkeit* in der rabbinischen Ausdrucksweise ein Fachwort war, welches das Liebeswerk als eine Übung der Barmherzigkeit bezeichnete. Eine bedeutsame rabbinische Aussage steht in der einflussreichen Schrift *Pirqe Avot* 1,2, die Überlieferungen von 200 v. Chr. bis 200 n. Chr. enthält und sagt: „Das Weltall wird von drei Dingen getragen: von der Tora, vom Gottesdienst und von den Liebeswerken."

Angesichts dieser Überlieferung ist die Aufzählung der sechs Werke der Barmherzigkeit in Mt 25, die weniger eine

Neuigkeit denn eine Weiterentwicklung der biblischen und jüdischen Texte ist, sehr relevant wegen ihrer poetischen und stilistischen Qualität, denn die Aufzählung der sechs Werke ist in drei Paare strukturiert, welche die symbolische Form eines Triptychons haben. Daher verwundert es nicht, dass in der christlichen Überlieferung dieser Text die stabile Basis für sechs der sieben Werke der leiblichen Barmherzigkeit war, denen später das „die Toten begraben" aus Tob 1,17 f. hinzugefügt wurde, um die Siebenzahl zu erreichen, da „sieben" die Zahl der Vollkommenheit ist. Diese Hinzufügung wird von Thomas von Aquin gerechtfertigt mit Zeugnissen über diese Tat zum Beispiel bei Tobit und bei den Jüngern, die Jesus in einem Grab bestatteten (vgl. *Theologische Summe, II–II, q. 32, a.2 ad* 1).

Die Identifizierung der „geringsten der Brüder" mit Christus

Die Frage der Identifizierung Christi mit den „geringsten der Brüder" als Objekte der Werke der Liebe und der Barmherzigkeit ist ebenfalls sehr wichtig. In Beziehung zu Gott findet sich diese Orientierung im Alten Testament in folgender Beschreibung: „Wer Erbarmen hat mit dem Elenden, leiht dem Herrn; er wird ihm seine Wohltat vergelten" (Spr 19,17). Das findet ein Echo im *Zweiten Vatikanischen Konzil*, wenn dieses sagt, „dass Christus selbst in den Armen mit lauter Stimme seine Jünger zur Liebe aufruft" (GS 88).

Wir finden diese Identifizierung in den Evangelien selbst, wenn Jesus sagt: „Wer euch hört, der hört mich, und wer euch ablehnt, der lehnt mich ab; wer aber mich ablehnt, der lehnt den ab, der mich gesandt hat" (Lk 10,16). Dieses Axiom steht mit Sicherheit hinter den Ausführungen zur Identifizierung bei Mt 25,40 („das habt ihr mir getan") und Mt 25,45 („das habt ihr mir nicht getan") und hat ein Echo bei Lukas: „Ich sage euch: Wer sich vor den Menschen zu mir bekennt, zu dem wird sich auch der Menschensohn vor den Engeln Gottes bekennen. Wer mich aber vor den Menschen verleugnet, der wird auch vor den Engeln Gottes verleugnet werden" (Lk 12,8 f.). Außerdem zeigt Lukas den erhöhten Herrn, der zu Paulus sagt, der Jünger Jesu verfolgte: „Warum verfolgst du mich?" (Apg 9,4; 22,7; 26,14).

Im Matthäusevangelium selbst finden wir die nächste Parallele zu dieser Identifizierung in der klaren Aussage: „Wer euch aufnimmt, der nimmt mich auf, und wer mich aufnimmt, nimmt den auf, der mich gesandt hat. Und wer einem von diesen Kleinen auch nur einen Becher frisches Wasser zu trinken gibt, weil es ein Jünger ist – amen, ich sage euch: Er wird gewiss nicht um seinen Lohn kommen" (Mt 10,40.42).

Der hl. Cyprian und der hl. Augustinus kommentieren diese Identifizierung, um so die Praxis der Werke der Barmherzigkeit zu fördern, mit der Vorstellung, mittels des Bedürftigen zum Herrn selbst zu gelangen, denn „wer nicht an den Armen denkt, der leidet, verachtet den Herrn, der in ihm verkörpert ist" (Cyprian, *De opere*, 23), und: „Alle erwarten, dem Christus zu begegnen, der im Himmel sitzt; aber schaut ihn, wenn er vor der Tür liegt, schaut ihn in dem, der hungert, der friert, in dem, der nichts hat, in dem, der Ausländer ist" (Augustinus, *Homilie* 25,8), und auch noch: „In uns ist Christus noch ein Armer; Christus ist noch ein Fremder; Christus ist krank; Christus ist im Gefängnis. So zu reden würde ihn beleidigen, wenn er nicht selbst gesagt hätte: ‚Ich war hungrig, und ihr habt mich gespeist, ich war durstig' […]" *(In Ps 136).*

Auch die *Regel des hl. Benedikt* (5. Jh.) nimmt diese programmatische Identifizierung auf: „Alle Fremden, die kommen, sollen aufgenommen werden wie Christus: denn er wird sagen: ‚Ich war fremd und ihr habt mich aufgenommen' (Mt 25,35)" (Nr. 53,1).

Der sel. Paul VI. stellt dann in seiner Enzyklika *Mysterium fidei*, Über die Lehre und den Kult der Heiligen Eucharistie (1965), als eine Neuigkeit die Gegenwart Christi in den Notleidenden vor und zitiert Mt 25,40 bei seinem Überblick über die verschiedenen Formen der Gegenwart Christi in der Kirche. So wiederholt er also die Gegenwartsweisen, welche in der Konstitution über die Heilige Liturgie, *Sacrosanctum concilium*, erwähnt werden (zwei oder drei im Gebet vereint, in der Heiligen Schrift, in den Sakramenten: in der Taufe, in besonderer Weise im Sakrament der Eucharistie, vgl. SC Nr. 7), und nimmt als neues Element ausdrücklich die Gegenwart Christi in den Bedürftigen auf: „Gegenwärtig ist er [d. h. Christus] in seiner Kirche, wenn sie Werke der Barmherzigkeit ausübt, nicht nur, weil wir, wenn wir einem seiner geringsten Brüder Gutes tun, dieses Christus selbst tun, sondern auch, weil Christus es ist, der durch die Kirche diese Werke tut, indem er beständig dem Menschen mit seiner göttlichen Liebe zu Hilfe kommt" (Nr. 36).

Einheit der christlichen Nächstenliebe mit der Gottesliebe

Wir müssen beachten, dass für Mt 25,31-46 das Kriterium im Gericht die Liebe ist, was also zu Jesu Verkündigung passt, die im Matthäusevangelium die Liebe als höchstes Gebot predigt. Ein Beispiel ist Mt 5,21-48, wo die Frage herausragt: „Wenn ihr nämlich nur die liebt, die euch lieben, welchen Lohn könnt ihr dafür erwarten? Tun das nicht auch die Zöllner?“ (V. 46). Ein ähnliches Beispiel ist der Text Mt 22,34-40, der von einer anderen Frage ausgeht: „Meister, welches Gebot im Gesetz ist das wichtigste?“ (V. 36). Es ist nicht überraschend, dass der hl. Johannes vom Kreuz in einem schon klassisch gewordenen Zitat sagt: „Am Abend unseres Lebens werden wir nach der Liebe gerichtet werden“ (*Worte von Licht und Liebe*, 57, zitiert in der Bulle *Das Antlitz der Barmherzigkeit*, Nr. 15).

In diesem Kontext müssen wir den anonymen Charakter der Identifizierung mit Christus berücksichtigen, der sich in der dreifachen Frage zeigt: „Herr, wann haben wir dich hungrig gesehen und dir zu essen gegeben, oder durstig und dir zu trinken gegeben? Und wann haben wir dich fremd und obdachlos gesehen und aufgenommen, oder nackt und dir Kleidung gegeben? Und wann haben wir dich krank oder im Gefängnis gesehen und sind zu dir gekommen?“ (Mt 25,37-39; in verneinter Form im V. 44 wiederholt). Zu dieser heiklen Frage, die theologisch korrekt verstanden werden sollte, bietet das *Zweite Vatikanische Konzil* zwei grundlegende Texte, die uns sehr präsent sein sollten, nämlich in der Dogmatischen Konstitution *Lumen gentium*, Über die Kirche, und in Pastoralkonstitution *Gaudium et spes*, Über die Kirche in der Welkt von heute:

Wer nämlich das Evangelium Christi und seine Kirche ohne Schuld nicht kennt, Gott aber aus ehrlichem Herzen sucht, seinen im Anruf des Gewissens erkannten Willen unter dem Einfluß der Gnade in der Tat zu erfüllen trachtet, kann das ewige Heil erlangen. Die göttliche Vorsehung verweigert auch denen das zum Heil Notwendige nicht, die ohne Schuld noch nicht zur ausdrücklichen Anerkennung Gottes gekommen sind, jedoch, nicht ohne die göttliche Gnade, ein rechtes

Leben zu führen sich bemühen. Was sich nämlich an Gutem und Wahrem bei ihnen findet, wird von der Kirche als Vorbereitung für die Frohbotschaft und als Gabe dessen geschätzt, der jeden Menschen erleuchtet, damit er schließlich das Leben habe (LG 16).

In der Pastoralkonstitution wird dann gesagt:

Das gilt nicht nur für die Christgläubigen, sondern für alle Menschen guten Willens, in deren Herzen die Gnade unsichtbar wirkt. Da nämlich Christus für alle gestorben ist und da es in Wahrheit nur eine letzte Berufung des Menschen gibt, die göttliche, müssen wir festhalten, dass der Heilige Geist allen die Möglichkeit anbietet, diesem österlichen Geheimnis in einer Gott bekannten Weise verbunden zu sein. (GS 22)

Bei der Konzeption des anonymen Charakters der Identifizierung mit Christus sollte uns präsent sein, dass es sich um Menschen „guten Willens“ handelt (GS 22). Aus diesem Grund, und so, wie es LG 16 beschreibt, bezieht sie sich auf Menschen, die „Gott aus ehrlichem Herzen suchen, […] seinen im Anruf des Gewissens erkannten Willen unter dem Einfluß der Gnade in der Tat zu erfüllen trachten […] die ohne Schuld noch nicht zur ausdrücklichen Anerkennung Gottes gekommen sind, jedoch, nicht ohne die göttliche Gnade, ein rechtes Leben zu führen sich bemühen“. Beachten wir jedoch, dass die Aussage keinesfalls ausdrücken will, dass in diesen Fällen das Heil mittels des Ersatzes durch eine lediglich „natürliche“ Wertschätzung und Philanthropie erlangt wird, denn der zitierte Konzilstext schließt das aus, indem er sagt, dass das Heil „nicht ohne die göttliche Gnade“ erreicht wird, und außerdem würde das der Aussage von *Lumen gentium* widersprechen, wo „die Notwendigkeit des Glaubens und der Taufe“ (vgl. Mk 16,16; Joh 3,5)“ betont sowie daran erinnert wird, dass „die Kirche zum Heile notwendig ist“ (LG 14).

Es handelt sich also definitiv um „Menschen, die wahrhaft lieben und denen der Geist der Wahrheit auf eine uns verborgene Weise geschenkt wird“ (Hans-Urs von Balthasar), als „verborgene Heilige“ (*latentes sancti:* hl. Augustinus, *De cat. rud.* XXII, 40), „Christen in Hoffnung“ (Karl Barth), „latente [verborgene] Kirche“ (Paul Tillich) oder „anonyme Christen“, aber wir müssen uns bewusst sein, dass „es ein Irrtum wäre zu meinen, dass dieser letztere Ausdruck – der Begriff ist nicht das Wichtigste – die Wichtigkeit des Auftrags, der Verkündigung, der Taufe schmälern muss, denn das, was diese These sagt, wird objektiv vom 2. Vatikanum in LG 16 gelehrt“ (Karl Rahner).

So wird die christliche Einheit der Nächstenliebe mit der Gottesliebe aufgezeigt, denn es sind diese beiden Gebote, „an denen das ganze Gesetz samt den Propheten hängt“ (Mt 22,40). Uns muss gegenwärtig sein: „Niemand hat Gott je geschaut; wenn wir einander lieben, bleibt Gott in uns und seine Liebe ist in uns vollendet“, und deshalb gilt: „Wer seinen Bruder nicht liebt, den er sieht, kann Gott nicht lieben, den er nicht sieht“ (Joh 4,12.20). Daraus entsteht die große Bedeutung der Nächstenliebe für die Gotteserkenntnis, die ganz besonders für den Menschen in unserer modernen Welt wichtig ist, und das derart, dass diese Nächstenliebe radikal und rückhaltlos sein muss, weil sie nur so implizit auch Christus gelten kann (vgl. Mt 25, 40.45) und nicht in das verfällt, was Paulus anklagt, wenn er schreibt: „Wenn ich meine ganze Habe verschenkte […], hätte aber die Liebe nicht, nützte es mir nichts“ (1 Kor 13,3; vgl. Mk 8,36), in dem Sinne, dass man alles, was man hat, den Armen geben und trotzdem der Liebe entbehren kann, denn diese ist die Möglichkeitsvoraussetzung, ohne die es kein christliches Leben geben kann!

Überlieferungszeugnisse zu Mt 25 und den Werken der Barmherzigkeit

Die ersten Listen der Werke der Barmherzigkeit

Mitte des 2. Jahrhunderts finden wir im **Hirten des Hermas** die Aufzählung von etwa zwanzig „guten Werken“, welche aufzeigen, wie die Beziehungen zu den Mitmenschen sein sollen, die zu leben der Christ berufen ist, zum Beispiel: „Den Witwen beistehen, Waise und Unglückliche besuchen, die Diener Gottes aus der Bedrängnis befreien, Gastfreundschaft üben, mit niemand Feindschaft halten, in Ruhe leben, [...] die Gerechtigkeit üben, die Bruderliebe pflegen, Übermut erdulden, langmütig sein, Unrecht nicht nachtragen, die Niedergeschlagenen trösten, die im Glauben Strauchelnden nicht verstoßen, sondern zurückbringen und ihnen das Gleichgewicht der Seele geben, die Fehlenden zurechtweisen, die Schuldner und die Bedürftigen nicht drängen“ (*Hirte des Hermans, Achtes Gebot,* 10).

Der hl. **Irineus von Lyon** (130–200) kommentiert dann häufig Mt 25 und argumentiert, dass das, was man einem Bedürftigen gibt, Gott gegeben wird, und betont dann selbst ein neues Element, indem er die Parallele zu Spr 19,17 mit folgender Argumentation aufzeigt: „Denn wie Gott kein Bedürfnis hat für unsere Gaben, so haben wir das Bedürfnis, Gott etwas zu opfern. So sagt Salomon: ‚Wer sich der Armen erbarmt, leiht Gott auf Zinsen‘. [...] wie unser Herr sagt: ‚[...] ich war hungrig, und ihr gabt mir zu essen; ich war durstig, und ihr habt mich getränkt; ich war ein Fremdling, und ihr habt mich aufgenommen; ich war nackt, und ihr habt mich bedeckt; ich war krank, und ihr habt mich besucht; ich war im Gefängnis, und ihr seid zu mir gekommen'" (*Ad Haer.*, *Gegen die Häresien,* 4,18,6).

Später öffnet **Origenes** (185–254) dann in einem weiteren neuen Element den Weg für die Werke der geistigen Barmherzigkeit, und zwar in Übereinstimmung mit seiner allegorischen Exegese von Mt 25,34-46: "Außer dem Brot und der Kleidung, die dem Leib dienen, soll man die Seelen mit geistigen Speisen nähren [...], mit der Bekleidung durch verschiedene Tugenden durch die Lehre der Doktrin, um den Nächsten aufzunehmen mit einem Herz voller Tugenden und sich auch den Schwachen zu widmen, indem man sie stärkt, lehrt, tröstet oder ermahnt; und jede dieser Taten gilt Christus" (*In Matthaeum, Kommentar zu Matthäus,* 72).

Der hl. **Cyprian von Karthago** (gest. 258) schreibt eine kurze Abhandlung *Über gute Werke und Almosen* und verweist darin auf mehrere klassische Bibelstellen, in denen Werke der Barmherzigkeit erwähnt werden, die das Gebet begleiten müssen (z. B. Jes 58,7 f. in Kap. 4 und Tob 12,8 in Kap. 5). Auch in seiner Abhandlung *Über das Gebet des Herrn* zitiert er Tob 12,8: „Gut ist das Gebet mit Fasten und Almosen" (De oratione dominica, Kap. 32). Im Kap. 33 folgen ausführliche Zitate von Tob 12,12 f. (Erwähnung des Totenbegrabens) und von Jes 58,6-9 (Barmherzigkeit gegenüber Gefangenen, Unterdrückten, Hungernden, Obdachlosen und Nackten).

Danach stellt dann **Laktanz** (250–325) eine Liste vor, die schon stark derjenigen ähnelt, die später die traditionelle sein wird, mit einer erwähnenswerten Betonung der neuartigen Charakterisierung dieser Taten als „Werke der Barmherzigkeit“: „Mit Hungrigen wollen wir teilen, Nackte bekleiden, Unterdrückte aus der Hand der Übermacht befreien. Unsere Wohnung stehe Fremdlingen und Obdachlosen offen; Waisen fehle nicht unsere Verteidigung, Witwen nicht unser Schutz. Gefangene vom Feinde loszukaufen ist ein großes Werk der Barmherzigkeit, ebenso Kranke und Arme zu besuchen und zu erquicken. Mittellose und Ankömmlinge mögen im Tode nicht unbestattet bleiben. Das sind die Werke, das die Pflichten der Barmherzigkeit; wer diesen Pflichten nachkommt, der opfert Gott ein wahres und wohlgefälliges Opfer“ (*Epitome,* Auszug aus den göttlichen Unterweisungen, 60).

Der hl. **Johannes Chrysostomos** (347–407) ist wichtig, denn er wird als der Schöpfer und Verfechter der Formulierung „Brudersakrament“ betrachtet (besonders bei orthodoxen Christen: M. Skobtosov, O. Clement usw., aber auch von Katholiken wie H. U. v. Balthasar, Y. Congar, J.-M. R. Tillard u.a.m.). In einem Kommentar zu Mt 25 verbindet er diesen Bibeltext auf bemerkenswerte Weise mit der Eucharistie, in einem Text, der klassisch geworden ist: „Willst du also Christi Leib ehren? […] Derselbe, der da gesagt hat: ‚Dies ist mein Leib‘ (Mt 26,26) […] derselbe hat auch gesagt: ‚Ihr habt mich hungern gesehen, und habt mich nicht genährt‘ und: ‚Was ihr einem, von diesen geringsten nicht getan habt, habt ihr auch mir nicht getan‘. […] So erweise auch du ihm die Ehre, die er selbst verlangt hat, und verwende deinen Reichtum zugunsten der Armen“ (*In Matth,* Matthäuskommentar, 50,3).

Der hl. **Augustinus** (354–430) wird dann die sechs in Mt 25 vorgeschriebenen Werke kommentieren und den Parallelismus zwischen den beiden Formen der Werke der Barmherzigkeit, also den leiblichen und den geistigen, hervorheben (eine Trennung, die ab Augustinus üblich werden wird), indem er schreibt: „Es gibt aber nicht bloß der Almosen, der dem Hungrigen Speise, dem Durstigen Trank, dem Nackten Kleidung, dem Fremdling Herberge, dem Flüchtling eine Zuflucht, dem Kranken oder Eingekerkerten einen Besuch, dem Gefangenen Erlösung, dem Schwachen Stütze, dem Blinden Geleite, dem Traurigen Trost, dem Kranken Heilung, dem Irrenden Weisung, dem Zweifelnden Rat, kurz jedem Notleidenden das Notwendige zukommen läßt, sondern auch der gibt Almosen, der dem Sünder Verzeihung gewährt" (*De fide, spe et caritate,* Enchiridion oder Buch vom Glauben, von der Hoffnung und von der Liebe, 19,72). Und in anderen Texten bestätigt er: „Es gibt zwei Formen von Barmherzigkeit, geben und verzeihen: das Gute geben, das man hat, und das Böse verzeihen, das man empfängt" (*Sermo,* Homilie, 42,1; vgl. *De Civitate Dei,* Der Gottesstaat, 21,22).

Auf derselben Linie gab der hl. **Gregor der Große** (gest. 604) den vier barmherzigen Taten in Ijob 29,12 f. eine „geistliche" Interpretation („Ich rettete den Armen, der schrie, die Waise, die ohne Hilfe war. Der Segen des Verlorenen kam über mich, und jubeln ließ ich der Witwe Herz.").

Es war aber erst **Petrus Comestor** (gest. 1179), der bei einem Kommentar zu Mt 25 mit Sicherheit zum ersten Mal die Erwähnung des „die Toten begraben" aus Tob 1,17 f.; 2,4; 12,12 f. einfügte (vgl. *In Evangelia,* Nr. 145) und so der Vorliebe des geschichtlichen Augenblicks bezüglich der Siebenzahl als Ausdruck der Vollkommenheit oder Fülle folgte (die sieben Sakramente, die sieben Todsünden usw.). In diesem Kontext wird die Siebenzahl der Werke der Barmherzigkeit weit verbreitet, und als Gedächtnisstütze verwendet man sieben Verben, welche die leiblichen Werke bezeichnen (*visito, poto, cibo, redimo, tego, colligo, condo*) und ebenfalls sieben andere Verben für die geistigen Werke (*consule, carpe, doce, solare, remitte, fer, ora*).

Die Konsolidierung der zweifachen Liste der Werke der Barmherzigkeit in Thomas von Aquin

Mit dem hl. **Thomas von Aquin** (gest. 1274) konsolidierte sich die zweifache Liste theologisch. Zum einen gibt es die *sieben Werke der leiblichen Barmherzigkeit*, von denen sechs aus Mt 25 stammen, und denen das Begräbnis der Toten hinzugefügt wird, das in Tobit bezeugt ist. Und zum anderen, wie in einer allegorischen Auslegung dieser Werke, stellt er die *sieben geistigen Werke* vor, die sich durch ihn und nach ihm umfassend verbreiten. Die theologische Rechtfertigung dieser zweifachen Liste, die zur Barmherzigkeit gehört, zeigt sie als eine Frucht der Liebe, weil „die Barmherzigkeit die höchste Tugend ist", ein Aspekt, der ihr erneut einen Reichtum in der Lehre und eine evangeliumsgemäße Motivation verleiht, für die die vorausgehenden Theologen nicht so feinfühlig gewesen waren (vgl. *Theologische Summe II–II, q.23, aa. 2–3*).

Die Werke der leiblichen Barmherzigkeit

Jedes der Werke der leiblichen Barmherzigkeit schafft *bei einem Mangel, den der Nächste leidet, Abhilfe.* Am eigenen Leib kann der Mensch das Fehlen von grundsätzlich notwendigen (Lebens-)Mitteln erfahren, und sowohl innere (1. Essen und 2. Trinken) als auch äußere (3. Kleidung und 4. Obdach) bzw. vorübergehende innere (5. Krankheit) oder äußere (6. Freiheitsentzug oder 7. Begräbnis) Entbehrungen erleiden. Auf all dies antworten die traditionellen sieben Werke der Barmherzigkeit, die als die „leiblichen" bekannt sind (vgl. I. Noye). Hier folgen ein paar kurze Bemerkungen zu jedem Einzelnen von ihnen.

Den Hungrigen zu essen geben

Das erste Werk der Barmherzigkeit in Mt 25,35

„Gib uns heute unser tägliches Brot" (Mt 6,11) sagt das Vaterunser (vgl. Mt 6,9-13; Lk 11,1-4). Das Grundnahrungsmittel in Palästina war das Brot, und dies in einem solchen Maße, dass der gesamte Akt, Essen zu sich zu nehmen, mit dem Ausdruck „Brot essen" bezeichnet wurde (Gen 37,25). Diese Wichtigkeit spiegelt sich im Namen des Gottes wider, an den sich die Bitte um Brot richtet, und der derjenige ist, „der allen Geschöpfen Brot [also Nahrung] gibt" (Ps 136,25), denn wenn das Brot fehlt, fehlt alles (vgl. Am 4,6; Gen 28,20).

Der Hunger ist charakteristisch für die Wüstenerfahrung des Gottesvolkes, die gut folgendermaßen ausgedrückt wird: „Du sollst an den ganzen Weg denken, den der Herr, dein Gott, dich während dieser vierzig Jahre in der Wüste geführt hat, um dich gefügig zu machen und dich zu prüfen. Er wollte erkennen, wie du dich entscheiden würdest: ob du auf seine Gebote achtest oder nicht. Durch Hunger hat er dich gefügig gemacht und hat dich dann mit dem Manna gespeist [...]" (Dtn 8,2f.). Diese dramatische Erfahrung lässt das wichtige Prophetenwort verstehen: „Seht, es kommen Tage [...], da schicke ich den Hunger ins Land, nicht den Hunger nach Brot, nicht Durst nach Wasser, sondern nach einem Wort des Herrn" (Am 8,11).

Unter den Nahrungsmitteln der Wüste besitzt das Brot verschiedene symbolische Bedeutungen. Als Erstes das Manna, das als „Brot vom Himmel", „Wunderbrot" (Ps 78,24f.) und „Speise der Engel" (Weish 16,20) und dann als Symbol des „Wortes Gottes" (Dtn 8,3; Jes 55,2.6.11), der „Lehren der Weisheit" (Spr 9,5) und der „Weisheit" selbst (Sir 15,3; vgl. 24,18-20) bezeichnet wird.

Andererseits ist der Hunger charakteristisch für die Armen, die Jesus seligpreist für diesen „Hunger", da sie die „Gerechtigkeit" ersehnen (Mt 5,6). Hier klingt außerdem die von Dtn 8,3 inspirierte Antwort Jesu auf die erste Versuchung an, nämlich dass „der Mensch nicht nur von Brot lebt, sondern von jedem Wort, das aus Gottes Mund kommt" (Mt 4,4; Lk 4,4).

Der Jakobusbrief seinerseits antwortet auf die Problematik der Urkirche mit einem sehr aufschlussreichen Text, wenn gesagt wird: „Meine Brüder, was nützt es, wenn einer sagt, er habe Glauben, aber es fehlen die Werke? Kann etwa der Glaube ihn retten? Wenn ein Bruder oder eine Schwester ohne Kleidung ist und ohne das tägliche Brot und einer von euch zu ihnen sagt: Geht in Frieden, wärmt und sättigt euch!, ihr gebt ihnen aber nicht, was sie zum Leben brauchen – was nützt das? So ist auch der Glaube für sich allein tot, wenn er nicht Werke vorzuweisen hat" (Jak 2,14-17).

Ein Text von Benedikt XVI. in der Enzyklika *Caritas in veritate*, Über die ganzheitliche Entwicklung des Menschen in der Liebe und in der Wahrheit (2009), kann als Zusammenfassung dienen, denn er macht das Werk der Barmherzigkeit des „die Hungernden speisen" zu einer kirchlichen Verantwortung, die aus dem Handeln des Jesus von Nazaret selbst entspringt, und zitiert außerdem Mt 25:

In vielen armen Ländern hält als Folge der Nahrungsmittelknappheit die extreme Unsicherheit des Lebens an und läuft Gefahr, sich noch zu verschärfen: Der *Hunger* rafft noch zahllose Opfer unter den vielen Menschen gleich dem „Lazarus" hinweg, denen es nicht gestattet ist, mit dem Reichen an derselben Tafel zu sitzen – wie Papst Paul VI. es gewünscht hatte. *Den Hungrigen zu essen geben* (vgl. Mt 25, 35.37.42) ist ein ethischer Imperativ für die Weltkirche, die den Lehren ihres Gründers Jesus Christus über Solidarität und Teilen entspricht. Den Hunger in der Welt zu beseitigen, ist darüber hinaus in der Ära der Globalisierung auch ein Ziel geworden, das notwendigerweise verfolgt werden muss, um den Frieden und die Stabilität auf der Erde zu bewahren. Der Hunger hängt weniger von einem materiellen Mangel ab als vielmehr von einem Mangel an gesellschaftlichen Ressourcen, deren wichtigste institutioneller Natur ist. [...]
Das Recht auf Ernährung sowie das auf Wasser spielen eine wichtige Rolle für die Erlangung anderer Rechte, angefangen vor allem mit dem Grundrecht auf Leben. Darum ist es notwendig, dass ein solidarisches Bewusstsein reift, welches *die Ernährung und den Zugang zum Wasser als allgemeine Rechte aller Menschen* betrachtet, *ohne Unterscheidungen und Diskriminierungen.* (Nr. 27)

Da der Hunger das Symbol der Notwendigkeit der wahren Nahrung ist, spezifiziert das Johannesevangelium definitiv, dass nur Jesus ihn stillen kann, weil er selbst „das Brot des Lebens“ ist (Joh 6,5.35). Und außerdem ist es sehr bezeichnend, dass bei der Eucharistiefeier schon von ihrem Ursprung her das Brechen des Brotes im Mittelpunkt steht, das dann gereicht wird („das Brotbrechen“: Lk 24,35; Apg 2,42; 20,7), als Ausdruck, dass die Eucharistie von jener Geste des Teilens und der Hingabe ausgeht, die Jesus machte: „Und er nahm Brot, sprach das Dankgebet, brach das Brot und reichte es ihnen mit den Worten: Das ist mein Leib, der für euch hingegeben wird. Tut dies zu meinem Gedächtnis!“ (Lk 22,19; 1 Kor 11,24). Deshalb wurde das Sakrament der Eucharistie vom *Zweiten Vatikanischen Konzil* auf sehr bedeutsame Weise als „die Quelle und der Höhepunkt des ganzen christlichen Lebens“ (LG 11) bezeichnet.

Den Durstigen zu trinken geben

Das zweite Werk der Barmherzigkeit in Mt 25,35

„Danach, als Jesus wusste, dass nun alles vollbracht war, sagte er, damit sich die Schrift erfüllte: Mich dürstet“ (Joh 19,28). Der Durst Jesu, eine fürchterliche Qual für zum Kreuztod verurteilte Menschen, erinnert an die Todesangst in Psalm 69,22: „Sie gaben mir Gift zu essen, für den Durst reichten sie mir Essig.“ Außerdem hat er einen tieferen Sinn, der auf den brennenden Wunsch Jesu verweist, zum Vater zurückzukehren, gemäß des Ausrufs des Psalmisten: „Gott, du mein Gott, dich suche ich, meine Seele dürstet nach dir“ (Ps 63,2) und: „Meine Seele dürstet nach Gott, nach dem lebendigen Gott. Wann darf ich kommen und Gottes Antlitz schauen?“ (Ps 42,3), was einen Widerhall hat in der dringenden Bitte „Gib mir zu trinken!“ (Joh 4,7), welche Jesus selbst an die Samariterin richtet.

Dem Wasser wohnt außerdem in der Bibel eine symbolische Bedeutung inne. So bedeutet das Wasser, das in der Wüste aus dem Felsen quillt, die Gabe, die Gott seinem auserwählten Volk macht (vgl. Ex 17,1-7; Num 20,1-13). Sodann wird das Wasser zu einem Symbol für Gott selbst, in dem herrlichen Gebet von Psalm 42,2 f.: „Wie der Hirsch lechzt nach frischem Wasser, so lechzt meine Seele, Gott, nach dir" sowie in einem prophetischen Text bei Jer 2,13: „Denn mein Volk hat doppeltes Unrecht verübt: Mich hat es verlassen, den Quell des lebendigen Wassers, um sich Zisternen zu graben, Zisternen mit Rissen, die das Wasser nicht halten" (vgl. Jes 12,2 f.; Jer 17,13).

Im Neuen Testament wird sodann daran erinnert, dass der apostolische Dienst Schwierigkeiten und Bedrängnisse einschließt, zu denen auch „Hunger und Durst" gehören (1 Kor 4,11; 2 Kor 11,27). Deshalb ist die Geste, den vom Herrn entsandten Jüngern zu trinken zu geben, und sei es auch nur ein Glas Wasser, etwas, das der Herr nicht vergessen wird (vgl. Mt 10,42; Mk 9,41). In diesem Zusammenhang überrascht es nicht, dass in der Johannesoffenbarung eine Hoffnung auf Erlösung in folgenden klaren Worten formuliert wird: „Sie werden keinen Hunger und keinen Durst mehr leiden, und weder Sonnenglut noch irgendeine sengende Hitze wird auf ihnen lasten" (Offb 7,16).

Sodann ist die Symbolik des Wassers wichtig, die ihre volle Bedeutung in der christlichen Taufe erfährt. Denn so, wie das Wasser reinigt, tut es auch die Taufe, weil „[…] die Taufe […] nicht dazu dient, den Körper von Schmutz zu reinigen, sondern eine Bitte an Gott um ein reines Gewissen aufgrund der Auferstehung Jesu Christi ist" (1 Petr 3,21). Deshalb wird die Taufe als „Bad der Wiedergeburt und der Erneuerung im Heiligen Geist“ verstanden (Tit 3,5; vgl. Joh 3,5). Dieses Sakrament der Taufe kann man außerdem als symbolisch in dem „Wasser“ vorverkündet sehen, das aus der Seite des gekreuzigten Jesus hervorquoll (vgl. Joh 19,34). Das ist die Auslegung verschiedener Kirchenväter und relevanter Theologen (besonders des hl. Augustinus und des hl. Thomas von Aquin usw.), und diese Perspektive wird in LG 3 aufgenommen, das bei der Behandlung des Beginns der Kirche genau Joh 19,34 zitiert.

Das Thema des Wassers und des Durstes nach ihm erscheint sodann in einem wichtigen Zusammenhang in der Botschaft an das Volk Gottes der Bischofssynode im Jahr 2012, über „Neuevangelisierung für die Weitergabe des christlichen Glaubens“, um den gegenwärtigen geschichtlichen Moment ausgehend vom Ausruf der Samariterin zu beschreiben: „Herr, gib mir dieses Wasser, damit ich keinen Durst mehr habe“ (Joh 4,15). Der Beginn dieser Botschaft an das Volk Gottes sagt:

Wir lassen uns von einer Stelle des Evangeliums erleuchten: der Begegnung Jesu mit der Samariterin (vgl. Joh 4,5–42). Es gibt keine Frau und keinen Mann, der sich in seinem Leben nicht wie die Samariterin mit einem leeren Gefäß neben einem Brunnen befindet, in der Hoffnung, nicht irgendeine Antwort auf die eigenen Wünsche, sondern die Erfüllung des tiefsten Herzenswunsches zu finden, jenes Wunsches, der allein der eigenen Existenz vollen Sinn verleihen kann. Heute findet man viele Brunnen, die den Durst des Herzens stillen wollen, aber man muss unterscheiden, um verschmutzte Gewässer zu vermeiden. Man muss die Suche dringend orientieren, um nicht Opfer von Enttäuschungen zu werden, die zerstörerisch sein können. Wie Jesus am Brunnen von Sychar, so hat auch die Kirche das Gefühl, sich neben die

Frauen und Männer dieser Zeit setzen zu müssen, um den Herrn in ihrem Leben zu vergegenwärtigen, damit diese ihm begegnen können, denn allein sein Geist ist das Wasser, das das ewige Leben schenkt. Jesus allein ist fähig, in den Tiefen unseres Herzens zu lesen und uns unsere Wahrheit zu offenbaren: „Er hat mir alles gesagt, was ich getan habe", bekennt die Frau ihren Mitbürgern. Und dieses Wort der Verkündigung, an das sich die Frage anschließt, die sich dem Glauben öffnet: „Ist er vielleicht der Messias?", zeigt, dass jemand, der das neue Leben aus der Begegnung mit Christus empfangen hat, seinerseits nicht anders kann, als selbst Verkündiger der Wahrheit und der Hoffnung für die anderen zu werden. Die bekehrte Sünderin wird zur Botin des Heils und führt den ganzen Ort zu Jesus. Von der Annahme des Zeugnisses gelangen die Leute dann zur persönlichen Erfahrung der Begegnung: „Nicht mehr aufgrund deiner Aussage glauben wir, sondern weil wir ihn selbst gehört haben und nun wissen: Er ist wirklich der Retter der Welt" (Nr. 1).

Zum Abschluss unserer Betrachtung über dieses Werk der Barmherzigkeit – welches die vorhergehende über „den Hungernden zu essen geben" ergänzt, empfiehlt es sich, hier auch an die Worte einer jüngeren Enzyklika zu erinnern, nämlich der von Papst Franziskus, *Laudato si'* (2015), welche die „Wasserfrage" behandelt. Zu Beginn seiner Überlegungen stellt er hellsichtig fest, dass ganze Völker und insbesondere die Kinder erkranken und sterben, weil sie kein Trinkwasser haben, während die Verseuchung des Grundwassers durch Abwässer von Fabriken und Städten weitergeht. Deshalb schreibt der Papst: „In Wirklichkeit ist der Zugang zu sicherem Trinkwasser ein grundlegendes, fundamentales und allgemeines Menschenrecht, weil es für das Überleben der Menschen ausschlaggebend und daher die Bedingung für die Ausübung der anderen Menschenrechte ist." Den Armen den Zugang zu Wasser unmöglich zu machen bedeutet also, „ihnen das Recht auf Leben zu verweigern, das in ihrer unveräußerlichen Würde verankert ist" (Nr. 30).

Die Nackten bekleiden

Das dritte Werk der Barmherzigkeit in Mt 25,36

Kaum ein anderer Heiliger ist in der Erinnerung der Gläubigen so gegenwärtig wie der hl. Martin von Tours, mit dem Mantel, den er teilte und einem Bettler gab. Die bekannteste Überlieferung im Zusammenhang mit seinem Leben bezieht sich auf ein Ereignis, das im Winter 337 geschehen sein soll, als Martin in der Nähe des Stadttors einem vor Kälte zitternden Bettler begegnet, dem er die Hälfte seines Umhangs gibt, weil die andere Hälfte dem römischen Heer gehört, in dem er dient. In der Nacht danach erscheint ihm Christus, bekleidet mit der Hälfte des Umhangs, um ihm für seine Tat zu danken. Zweifellos handelt es sich um eine konkrete Ausführung des Werkes der Barmherzigkeit, das in Mt 25,36 gepriesen wird, denn Martin wusste nicht, dass er in dem armen und bettelnden Menschen Christus selbst begegnete.

In der Bibel ist die Nacktheit negativ, sowohl als Frucht der Sünde (vgl. Gen 3,7) als auch die, welche charakteristisch ist für den Sklaven, der verkauft wird (vgl. Gen 37,23), den Eingekerkerten (vgl. Jes 20,4; Apg 12,8) und den psychisch Kranken, der in einer Situation von Entfremdung lebt (vgl. Mk 5,1-20). Es handelt sich also insbesondere um die demütigende Nacktheit der Ausgegrenzten, so wie es das Buch Ijob erzählt, das von den Armen so spricht: „Nackt verbringen sie die Nacht, ohne Kleider, haben keine Decke in der Kälte. Nackt müssen sie gehen, ohne Kleid, hungernd tragen sie Garben“ (Ijob 24, 7.10).

Tatsächlich ermutigt die Bibel zu einer Haltung des Mitleids mit der Nacktheit, wenn sie rät: „Gib [...] dem Nackten von deinen Kleidern“ (Tob 4,16) und den preist, der „Nackte bekleidet“ (Ez 18,16) und auch auffordert, „wenn du einen Nackten siehst, ihn zu bekleiden“ (Jes 58,7). Deshalb wird beim Letzten Gericht in Mt 25,36 diese Tat als ein Werk der Barmherzigkeit gesehen.

Im Gegensatz zur Nacktheit ist für die Bibel die Kleidung ein Zeichen der geistig-spirituellen Kondition des Menschen, und sie bezeichnet insbesondere mit der weißen Farbe seine endzeitliche Heilsdimension als Charakteristik der Lebewesen, die mit Gott assoziiert werden (vgl. Koh 9,8; Sir 43,18). Es wird dann die Johannesoffenbarung sein, welche bei der Beschreibung der himmlischen Welt mit größerem Nachdruck diese Charakteristiken betont (vgl. Offb 2,17; 14,14 usw.), die schon in der ganzen Bibel gebraucht werden, um Wesen zu beschreiben, die vom Himmel kommen (vgl. Ez 9,2; Dan 7,9; Offb 1,13 f. usw.). In diesem Zusammenhang deutet der Kontrast zwischen dem „nackten jungen Mann“ (Mk 14,51 f.) – ein Symbol für Jesu Tod – und dem „jungen Mann, der mit einem weißen Gewand bekleidet war“ (Mk 16,5) – Verkünder der Auferstehung Jesu Christi – sehr ausdrucksstark die tiefe Bedeutung des „die Nackten bekleiden“ in Mt 25,36 an; denn der junge Mann, der an die Auferstehung glaubt, „kleidet sich (in weiß!)“ als Zeichen der Fülle seiner Hoffnung!

Außerdem betont die paulinische Überlieferung mit Nachdruck, dass die Nacktheit Ausdruck „des alten Menschen“ sei, die verschwindet dank der Tatsache, dass „wir den neuen

Menschen angezogen haben, der nach dem Bild seines Schöpfers erneuert wird“ (vgl. Kol 3,10; Eph 4,24). Das geschieht mittels des Glaubens und der Taufe, durch die „wir Christus [als Gewand] angelegt haben“ (vgl. Gal 3,27). In 2 Kor 5,4 heißt es: „Solange wir nämlich in diesem [irdischen] Zelt leben, seufzen wir unter schwerem Druck, weil wir nicht entkleidet, sondern überkleidet werden möchten, damit so das Sterbliche vom Leben verschlungen werde.“

Die Fremden aufnehmen

Das vierte Werk der Barmherzigkeit in Mt 25,35

Die Worte aus Mt 25,35, „Ich war fremd und ihr habt mich aufgenommen“, prägen die ganze Geschichte Israels. Denn der Gast, der vorbeizieht und um das Obdach bittet, das ihm fehlt, erinnert Israel seine frühere Situation als Fremde und Ausländer, die über die Erde zogen, wie diese Texte bezeugen: „Der Fremde, der sich bei euch aufhält, soll euch wie ein Einheimischer gelten und du sollst ihn lieben wie dich selbst; denn ihr seid selbst Fremde in Ägypten gewesen“ (Lev 19,34; vgl. Apg 7,6). „Hör mein Gebet, Herr, vernimm mein Schreien, schweig nicht zu meinen Tränen! Denn ich bin nur ein Gast bei dir, ein Fremdling wie all meine Väter“ (Ps 39,13). „Lasst uns also zu ihm vor das Lager hinausziehen und seine Schmach auf uns nehmen. Denn wir haben hier keine Stadt, die bestehen bleibt, sondern wir suchen die künftige“ (Hebr 13,13 f.).

Dieser Fremde muss aufgenommen und mit Liebe behandelt werden, im Namen des Gottes, der liebt („Gott liebt den Fremden“: Dtn 10,18). Er soll gegenüber großen Schwierigkeiten verteidigt werden (vgl. Gen 19,8; Ri 19,23 f.) und man soll nicht zögern, Freunde zu belästigen, wenn man nicht die

Mittel hat, um einem unerwarteten Fremden zu helfen (vgl. Lk 11,5 f.).

Ein Beispiel großzügiger und frommer Aufnahme ist Abraham mit den drei „Männern“ in Mamre, das Paradigma aller Gastfreundschaft (vgl. Gen 18,2-8) sowie Ijob, der sich ihrer rühmt (vgl. Ijob 31,31 f.), und Christus selbst, der die Sorge gutheißt, die zu ihr gehört (vgl. Lk 7,44-46) und der seinerseits von den Emmausjüngern in ihr Haus aufgenommen wurde, die ihn genau beim „Brotbrechen“ erkennen (Lk 24,13-33). All diese Gesten der Aufnahme des Fremden sind konkrete Verwirklichung des Auftrages „eure Liebe sei ohne Heuchelei [...] gewährt jederzeit Gastfreundschaft!“ (Röm 12,9.13).

Innerhalb der christlichen Überlieferung ragt die *Regel des hl. Benedikt* (5. Jh.) heraus, welche die Mönche mit folgender Aussage, die an Mt 25,40 erinnert, zur Gastfreundschaft ermahnt: „Alle Fremden, die kommen, sollen aufgenommen werden wie Christus: denn er wird sagen: ‚Ich war fremd und ihr habt mich aufgenommen‘“ (Nr. 53,1). Sie beschreibt dann, wie die Mönche sich den Gästen gegenüber verhalten sollen: „Allen Gästen begegne man bei der Begrüßung und beim Abschied in tiefer Demut: man verneige sich, werfe sich ganz zu Boden und verehre so in ihnen Christus, der in Wahrheit aufgenommen wird“ (Nr. 53,6 f.).

Den Kranken beistehen

Das fünfte Werk der Barmherzigkeit in Mt 25,36

„Krankheit und Leiden gehören von jeher zu den schwersten Prüfungen im Leben des Menschen. In der Krankheit erfährt der Mensch seine Ohnmacht, seine Grenzen und seine Endlichkeit. Jede Krankheit kann uns den Tod erahnen lassen" (*Katechismus der Katholischen Kirche*, Nr. 1500).

Im Alten Testament ist Ijob der Kranke par excellence, der seine Freunde folgendermaßen bittet, ihm beizustehen: „Hört doch meinen Rechtsbeweis, merkt auf die Streitreden meiner Lippen!" (Ijob 13,6), und wiederholt: „Hört, hört doch auf mein Wort, das wäre mir schon Trost von euch" (21,2).

Das Zeugnis über den Krankenbesuch, das in der Bibel nicht sehr häufig ist, wird von Jesus Sirach als Akt der Liebe gegenüber dem Besuchten so beschrieben: „Säume nicht, den Kranken zu besuchen, dann wirst du von ihm geliebt" (Sir 7,35). Dieser Text zeigt das jüdische Verständnis, das die Betonung auf den Besucher legt und nicht auf den Kranken, im Unterschied zu Mt 25,36, wo es der Kranke ist, dessen Würde anerkannt werden soll, da er ja Christus selbst ist!

In diesem Sinne „hat der Kranke eine christliche Sakramentalität, die ihn zu einem Sakrament Christi macht" (L. Manicardi). Diese Perspektive fordert von dem Besucher, dass er in seiner Begegnung mit dem armen und hilflosen Kranken einen Weg und eine Herausforderung entdeckt, die ihn dazu bringen kann, selbst dem Christus ähnlich zu werden, der „reich war und sich arm machte" (2 Kor 8,9).

Im Neuen Testament erscheint eine typische Weise des Krankenbesuches, in der drei Aspekte miteinander verknüpft werden, nämlich der Besuch, das Gebet und ein Ritual. Das Letztere hat zwei Formen: die Handauflegung bzw. die Salbung mit Öl. So erzählt Lukas in Apg 28,7-10 die Aufnahme des Paulus im Haus des Publius, und der Jakobusbrief (5,14 f.) sagt, dass die Presbyter gerufen werden sollen, wenn jemand krank ist. Hier die beiden Texte: „Der Vater des Publius lag gerade mit Fieber und Ruhr im Bett. Paulus ging zu ihm hinein und betete; dann legte er ihm die Hände auf und heilte ihn“ (Apg 28,8 f.). „Ist einer von euch krank? Dann rufe er die Ältesten der Gemeinde zu sich; sie sollen Gebete über ihn sprechen und ihn im Namen des Herrn mit Öl salben“ (Jak 5,14 f.).

Dieser zweite Text wurde von der christlichen Überlieferung als Grundlage und biblisches Samenkorn des Sakraments der Krankensalbung betrachtet, das schon angedeutet wurde in der Sendung der Zwölf, die „viele Kranke mit Öl salbten und sie heilten“ (Mk 6,13). Dies Sakrament wird vom *Zweiten Vatikanischen Konzil* so erklärt: „Durch die heilige Krankensalbung und das Gebet der Priester empfiehlt die ganze Kirche die Kranken dem leidenden und verherrlichten Herrn, dass er sie aufrichte und rette (vgl. Jak 5,14-16), ja sie ermahnt sie, sich bewusst dem Leiden und dem Tode Christi zu vereinigen (vgl. Röm 8,17; Kol 1,24; 2 Tim 2,11-12; 1 Petr 4,13) und so zum Wohle des Gottesvolkes beizutragen“ (LG 11).

Wir müssen beachten, dass dieses Sakrament ab dem 11. Jahrhundert den Namen „Letzte Ölung“ erhielt, da es nach der „Ölung“ (Salbung) des Christen bei der Taufe und bei der Firmung erfolgte, und dass man in der Praxis immer mehr dazu kam, es als „Sterbesakrament“ (15. Jh.) zu verstehen. Das Konzil von Trient zog es vor, von „Letzter Ölung“ zu sprechen, da es das Sakrament als „Sakrament der Vollendung [...] des ganzen christlichen Lebens“ verstand, obwohl es auch den Namen „Krankensalbung“ verwendet (*Denzinger-Hünermann* 1694). Das *Zweite Vatikanisches Konzil* schrieb dann vor, dass man zum Ausdruck „Krankensalbung“ zurückkehren und weniger „Letzte Ölung“ gebrauchen solle, denn es ist „nicht nur das Sakrament derer, die sich in äußerster Lebensgefahr befinden“ (SC 73).

Die Gefangenen besuchen

Das sechste Werk der Barmherzigkeit in Mt 25,36

Hinter diesem Werk der Barmherzigkeit stehen diejenigen emblematischen Bibelstellen, die den Gefangenen die Befreiung verkünden, wie „den Gefangenen die Entlassung verkünden“ (Lk 4,18), was an das „damit ich den Gefangenen die Entlassung verkünde“ von Jes 61,1 erinnert. Und auch die anderen Stellen klingen an, die dazu auffordern, sich an die Gefangenen zu erinnern, als sei man ihr Kerkergefährte, wie Hebr 13,3 empfiehlt: „Denkt an die Gefangenen, als wäret ihr mitgefangen“, und nicht zu vergessen der Psalm 142,8: „Führe mich heraus aus dem Kerker“; sowie die grundlegenden Referenzstellen, ausgehend von den eigenen Worten Jesus: „Ich war im Gefängnis, und ihr seid zu mir gekommen“ (Mt 25,36).

Deshalb ist es also nicht überraschend, dass im Neuen Testament die besondere Beziehung zwischen den Mitgliedern der christlichen Gemeinden und den gefangenen Brüdern aus Glaubensgründen betont wird, wie uns das Wort Jesu erinnert: „Man wird euch festnehmen und euch verfolgen. Man wird euch um meines Namens willen den Gerichten der Synagogen übergeben, ins Gefängnis werfen und vor Könige und Statthalter bringen“ (Lk 21,12). In diesem Zusammenhang wendet sich der Hebräerbrief an seine Empfänger und sagt: „Ihr habt mit den Gefangenen gelitten und auch den Raub eures Vermögens freudig hingenommen, da ihr wusstet, dass ihr einen besseren Besitz habt, der euch bleibt“ (Hebr 10,34).

Ein wichtiges Beispiel ist die Nähe der Gemeinde durch das Fürbittgebet zum gefangenen Petrus: „Petrus wurde also im Gefängnis bewacht. Die Gemeinde aber betete inständig für ihn zu Gott“ (Apg 12,5). Paulus drückt dann seine Dankbarkeit für die Nähe der Christen von Philippi während seiner Inhaftierung sowie für die empfangene Unterstützung aus (vgl. Phil 1,13-17; 2,25; 4,15-18).

„Es ist selbstverständlich, dass eine Seelsorge, die den Gefangenen Aufmerksamkeit schenkt, sich auch ihren Verwandten zuwenden und ihnen Unterstützung gewähren muss, damit sie so gut wie möglich für die Gefangenen sorgen können. [...] Die Formen der christlichen Präsenz in den Gefängnissen sind vielfältig und kreativ, und das ‚die Gefangenen besuchen' kann definitiv nicht von einer politischen Arbeit und einer Reflexion getrennt werden, die im Namen der Menschenwürde und der Menschenrechte Strafformen suchen muss, die nicht die Freiheit entziehen, sondern Akte der Wiedergutmachung vorsehen" (L. Manicardi).

Die Toten begraben

Ein Werk der Barmherzigkeit in Tob 1,17; 12,12 f.

In Israel galt es als furchtbarer Fluch, kein Begräbnis zu erhalten (vgl. Ps 79,3), und es gehörte zu der Strafe, die man den Übeltätern androhte (vgl. 1 Kön 14,11 f.; Jes 34,3; Jer 22,18 f.). Deshalb war es im Judentum ein Werk des Erbarmens und eine fromme Praxis. Daher kommen die Ermahnungen bei Jesus Sirach: „Dem Toten versag deine Liebe nicht" (Sir 7,33). „Mein Sohn, um den Toten lass Tränen fließen, trauere und stimm das Klagelied an! Bestatte seinen Leib, wie es ihm zusteht, verbirg dich nicht bei seinem Hinscheiden!" (Sir 38,16).

Das relevanteste Zeugnis dieser Praxis findet sich im Buch Tobit: „Schon zur Zeit Salmanassars hatte ich den Brüdern meines Stammes aus Barmherzigkeit viel geholfen: Ich gab den Hungernden mein Brot und den Nackten meine Kleider;

wenn ich sah, dass einer aus meinem Volk gestorben war und dass man seinen Leichnam hinter die Stadtmauer von Ninive geworfen hatte, begrub ich ihn. Ich begrub heimlich auch alle, die der König Sanherib hinrichten ließ“ (Tob 1,16 f.). „Als ihr zu Gott flehtet, du und deine Schwiegertochter Sara, da habe ich euer Gebet vor den heiligen Gott gebracht. Und ebenso bin ich in deiner Nähe gewesen, als du die Toten begraben hast. Auch als du ohne zu zögern vom Tisch aufgestanden bist und dein Essen stehen gelassen hast, um einem Toten den letzten Dienst zu erweisen, blieb mir deine gute Tat nicht verborgen, sondern ich war bei dir“ (Tob 12,12 f.).

Tobit erwähnt also das gute Werk, „die Toten zu begraben“, nach den Werken der Barmherzigkeit, „den Hungernden zu essen zu geben“ und „die Nackten zu bekleiden“. Diese gemeinsame Aufzählung ist es, die möglichlicherweise darauf Einfluss nehmen sollte, dass es als letztes nach den sechs in Mt 25 aufgeführten hinzugefügt wurde.

Ein tieferer Grund für diese Hinzufügung wird vom hl. Thomas von Aquin angegeben. Zum einen betont er, dass das Schweigen über das Begräbnis in den ersten sechs Werken der Barmherzigkeit daran liegt, dass diese von „einer unmittelbareren Bedeutung“ sind. Und zum anderen sagt er, dass sie [nämlich die Toten] so „nicht der Schande derer anheimfallen, die kein Begräbnis empfangen, denn die Herzen der Barmherzigen müssen auch nach dem Tod Mitleid mit dem Verstorbenen haben, und deshalb werden die gepriesen, die die Toten begraben, wie zum Beispiel Tobit und die Jünger, die Jesus in einem Grab bestatteten“ (*ST II–II, q. 32, a.2, ad 1*).

Dieser ausdrückliche Verweis auf das Begräbnis Jesu ist der Schüssel zum Verständnis dieses Werkes der Barmherzigkeit; denn erneut, und wieder nach dem hl. Thomas, gilt:

„Durch die Auferweckung Christi aus dem Grab [...] wird in uns die Hoffnung der Auferstehung belebt, obwohl wir in das Grab steigen müssen, nach Joh 5: ‚Alle, die in den Gräbern sind, werden hören die Stimme des Sohnes Gottes, und die sie hören, werden leben'" (vgl. *ST III, q. 51, a.1*). Deshalb wird im ältesten Osterbekenntnis, das den Tod und die Auferweckung Jesu verknüpft, eine ausdrückliche Erwähnung des Begräbnisses – Karsamstag! – integriert als Feststellung des Todes, der seinerseits und dank des Christus, der aus dem Grabe erstand, der Weg zur Auferstehung ist (vgl. 1 Kor 15,3-5).

Und die Einäscherung? Seit 1963 sagt eine Instruktion der *Kongregation für die Glaubenslehre,* die in den Kanon 1176 des *Codex Iuris Canonici* (Kirchenrecht, 1983) aufgenommen wurde, dass die Katholische Kirche, obwohl sie weiterhin traditionell die Erdbestattung vorzieht, akzeptiert, diejenigen geistlich zu begleiten, welche die Einäscherung gewählt haben, solange das nicht aus ausdrücklich antichristlichen Gründen geschah. Daher ist es so wichtig, mit besonderer Aufmerksamkeit auf die entsprechende liturgische Feier zu achten!

Diese neue Praxis der Einäscherung lädt ihrerseits dazu ein, über die tiefe Infragestellung nachzudenken, die der Tod für alle Menschen bedeutet, aber in dem Bewusstsein: „Die Kirche hält an der Fortdauer und Subsistenz eines geistigen Elementes nach dem Tode fest, das mit Bewusstsein und Willen ausgestattet ist, so dass das ‚Ich des Menschen' weiterbesteht, wobei es in der Zwischenzeit freilich seiner vollen Körperlichkeit entbehrt. Um dieses Element zu bezeichnen, verwendet die Kirche den Ausdruck ‚Seele', der durch den Gebrauch in der Heiligen Schrift und in der Tradition sich fest eingebürgert hat, obwohl sie nicht übersieht, dass dieser Ausdruck in der Heiligen Schrift verschiedene Bedeutungen hat […]“ (*Kongregation für die Glaubenslehre, Schreiben zu einigen Fragen der Eschatologie, 1979, Nr. 3*).

Es handelt sich also definitiv um den Glauben an die Unsterblichkeit der „Person“ oder des menschlichen Ichs (oder der Seele), die durch das Heilshandeln Gottes in Jesus Christus verwandelt als solche überleben wird, wenn „Gott alles in allem“ (1 Kor 15,28) sein wird, in „einem neuen Himmel und einer neuen Erde“, wo „der Tod nicht mehr sein wird, keine Trauer, keine Klage, keine Mühsal“ (Offb 21,1.4)!

Die Werke der geistigen Barmherzigkeit

Die Menschen leiden auch an Mängeln, die zu ihrer spirituellen Dimension gehören und auf die die geistigen Werke der Barmherzigkeit antworten, nämlich im Anrufen von Gott Hilfe (7.: Gebet), im Eingreifen zugunsten des Nächsten, um ihn zu lehren oder ihm zu raten (2.: Heilmittel für die Mängel (Er)Kenntnis), im Trösten (4.: gegen das Leiden und die Traurigkeit), oder in der Reaktion auf sein Fehlverhalten (3. ihn korrigieren, 5. ihm vergeben oder 6. ihn ertragen). Deshalb besitzen die Werke der geistigen Barmherzigkeit einen höheren Wert als die materiellen Hilfen, obwohl es Situationen gibt, in denen diese Letzteren vorrangig sind (vgl. I. Noye).

Im Unterschied zu den sieben leiblichen Werken, die – wie wir gesehen haben – bis zu ihrer heutigen Form einen langen Entwicklungsweg zurückgelegt haben, waren die sieben geistigen Werke der Barmherzigkeit bereits von Anfang an eindeutiger formuliert. Sie wurden als allgemeine Regel allen Christen empfohlen, damit sie sie in der Praxis verwirklichten. Ihre Entwicklung begann in der Zeit der Kirchenväter, insbesondere mit *Origenes* (185–254) und ausgehend von dessen allegorischer Auslegung des Textes in Mt 25. Diese Linie wurde von Augustinus fortgeführt und bestätigte sich auf besondere Weise im 13. Jahrhundert innerhalb der akademischen Welt, besonders mit dem hl. Thomas von Aquin.

Diese sieben geistigen Werke der Barmherzigkeit können in drei Gruppen unterteilt werden, wobei sich zuerst drei Werke der *Wachsamkeit* ergeben, die Folgendes umfassen: 1) *dem Rat geben, der ihn braucht*; 2) *den lehren, der nichts weiß*; 3) *den korrigieren, der irrt.* Darüber hinaus gibt es drei zentrale Werke im Bereich der *Versöhnung*, nämlich: 4) *den Traurigen trösten*; 5) *die Beleidigungen verzeihen*; 6) *die unangenehmen Menschen mit Geduld ertragen*. Schließlich folgt ein Werk der Zusammenfassung: 7) das *Gebet*, in dessen Zentrum steht, *für die Lebenden und die Tote zu Gott zu beten* (vgl. J. F. Keenan). Hier folgen gemäß dieser Strukturierung einige kurze Bemerkungen über jedes von ihnen.

Wachsam sein

Die Praxis der drei geistigen Werke der Barmherzigkeit – *dem Rat geben, der ihn braucht*; *den lehren, der nichts weiß*; *den korrigieren, der irrt* – lehrt uns, von uns selbst wegzuschauen. Sie lädt uns zu einer neuen Wachsamkeit ein, die aus Mitleid und Liebe gegenüber denen besteht, die Rat brauchen, nichts wissen oder irren.

Dem Rat geben, der ihn braucht

Die biblische Überlieferung betont die Wichtigkeit des Rates so: „Rettung ist dort, wo viele Ratgeber sind" (Spr 11,14). „Das Wissen des Weisen schwillt an wie ein Bach, wie ein lebendiger Quell ist sein Rat" (Sir 21,13). „Die Verständigen werden strahlen, wie der Himmel strahlt" (Dan 12,3).

Wo jedoch findet sich das Kriterium für einen guten Rat? Hier haben wir die Worte des weisen Jesus Sirach, welche die Frage nach der Wahrheit und die entscheidende Bedeutung des rechten Gewissens betonen, das nach ihr sucht. „Doch achte auch auf den Rat deines Gewissens. Wer ist dir treuer als dieses? Das Gewissen des Menschen gibt ihm bessere Auskunft als sieben Wächter auf der Warte. Bei alledem bete zu Gott! Er wird in Treue deine Schritte lenken" (Sir 37,13-15).

B. Pascal (1623–1662) stellt in einem paradigmatischen Text auf klare Weise die Kraft des Verstandes vor, sei es als Zweifel, sei es beim Anerkennen seiner Grenze, nicht weiterzukommen. Was hier realisiert wird, ist definitiv die Ausübung der Freiheit, indem man sich berät und sich beraten lässt, um die Wahrheit zu unterscheiden, worauf Pascal in einem sehr feinen Gleichgewicht zu antworten weiß (vgl. R. Fisichella): „Man muss verstehen zu zweifeln, wo es nötig ist, zu behaupten, wo es nötig ist, und sich zu unterwerfen, wo es nötig ist. Wer das nicht tut, kennt nicht die Macht der Vernunft. Manche sündigen gegen diese drei Prinzipien, entweder, indem sie alles als beweisbar behaupten, weil sie sich nicht auf Beweise verstehen, oder, indem sie an allem zweifeln, weil sie nicht wissen, wo man sich unterwerfen muss, oder, indem sie sich allem unterwerfen, weil sie nicht wissen, wo man urteilen muss (Pascal, *Gedanken*, Nr. 273).

Wenn wir unsere heutige Zeit betrachten, so können wir sagen, dass es vielleicht das Dringendste ist, so zu raten, dass aufrüttelnde Hinterfragungen entstehen, insbesondere wenn der Sinn des Lebens und der Zukunft auf dem Spiele steht, mit „Grundsatzfragen […], die den Gang des menschlichen Daseins kennzeichnen: *Wer bin ich? Woher komme ich und wohin gehe ich? Warum gibt es das Böse? Was wird nach diesem Leben sein?*“ (Johannes Paul II., Enzyklika *Fides et ratio*, Über das Verhältnis von Glaube und Vernunft, Nr. 1).

„Verstehst du, was du da liest?“ (Apg 8,30) fragt Philippus den Beamten, der im Propheten Jesaja liest. Und dieser antwortet ihm: „Wie soll ich verstehen, wenn es mir niemand erklärt?“ (Apg 8,31). Auf dieser Linie eines anspruchsvollen Führers und Erziehers der Gewissen müssen wir an den paradigmatischen Text Jesu erinnern, in dem er sagt: „Auch sollt ihr euch nicht Lehrer nennen lassen; denn nur einer ist euer Lehrer, Christus“ (Mt 23,10). Es handelt sich um einen Text, der das Bekenntnis bezüglich Jesus aufnimmt, denn „wir haben nur einen Gott, den Vater. […] Und einer ist der Herr: Jesus Christus“ (1 Kor 8,6). So wird mit Nachdruck festgehalten, dass derjenige, der auf endgültige Weise „die lehrt, die nichts wissen“, Jesus, der Messias, ist, denn es gilt: „Ob wir leben oder ob wir sterben, wir gehören dem Herrn“ (Röm 14,8) (vgl. A. Ziegenaus).

Unter diesem Aspekt entsteht hier eine wichtige fundamentale Aufgabe, nämlich zu lehren, „jedem Rede und Antwort zu stehen, der nach der Hoffnung fragt, die euch erfüllt“ (1 Petr 3,15). In seiner Enzyklika *Fides et ratio*, Über das Verhältnis von Glaube und Vernunft (1998), betont der hl. Johannes Paul II. stark diese entscheidende Aufgabe für unsere Welt, indem er sagt: „Es ist illusorisch zu meinen, angesichts einer schwachen Vernunft besitze der Glaube größere Überzeugungskraft; im Gegenteil, er gerät in die ernsthafte Gefahr, auf Mythos bzw. Aberglauben verkürzt zu werden“ (Nr. 48). Deshalb schließt er mit der Feststellung: „Denn die dringend notwendige Vorbereitung auf diese Aufgaben besteht heute darin, die Menschen zur Entdeckung ihrer Fähigkeit zur Wahrheitserkenntnis und ihrer Sehnsucht nach einem letzten, endgültigen Sinn des Daseins zu führen“ (Nr. 102).

Papst Franziskus hat dann seinerseits in seinem ersten Apostolischen Schreiben, *Evangelii gaudium*, Über die Verkündigung des Evangeliums in der Welt von heute (2013), mit folgenden wichtigen Erläuterungen das klarstellen wollen, was man mit Konzentration auf den „fundamentalen Kern" denjenigen lehren muss, der nichts über den christlichen Glauben weiß:

Alle offenbarten Wahrheiten entspringen aus derselben göttlichen Quelle und werden mit ein und demselben Glauben geglaubt, doch einige von ihnen sind wichtiger, um unmittelbarer das Eigentliche des Evangeliums auszudrücken. In diesem grundlegenden Kern ist das, was leuchtet, *die Schönheit der heilbringenden Liebe Gottes, die sich im gestorbenen und auferstandenen Jesus Christus offenbart hat.* In diesem Sinn hat das *Zweite Vatikanische Konzil* gesagt, „dass es eine Rangordnung oder ‚Hierarchie' der Wahrheiten innerhalb der katholischen Lehre gibt, je nach der verschiedenen Art ihres Zusammenhangs mit dem Fundament des christlichen Glaubens" (DH 11). Das gilt sowohl für die Glaubensdogmen als auch für das Ganze der Lehre der Kirche, einschließlich der Morallehre (Nr. 36).

Und etwas später präzisiert er:

Ebenso wie der organische Zusammenhang zwischen den Tugenden verhindert, irgendeine von ihnen aus dem christlichen Ideal auszuschließen, wird auch keine Wahrheit geleugnet. Man darf die Vollständigkeit der Botschaft des Evangeliums nicht verstümmeln. Außerdem versteht man jede Wahrheit besser, wenn man sie in Beziehung zu der harmonischen Ganzheit der christlichen Botschaft setzt, und in diesem Zusammenhang haben alle Wahrheiten ihre Bedeutung und erhellen sich gegenseitig. Wenn die Predigttätigkeit treu gegenüber dem Evangelium ist, zeigt sich in aller Klarheit die Zentralität einiger Wahrheiten, und es wird deutlich, dass die christliche Morallehre keine stoische Ethik ist, dass sie mehr ist als eine Askese, dass sie weder eine bloße praktische Philosophie ist noch ein Katalog von Sünden und Fehlern. Das Evangelium lädt vor allem dazu ein, dem Gott zu antworten, der uns liebt und uns rettet – ihm zu antworten, indem man ihn in den anderen erkennt und aus sich selbst herausgeht, um das Wohl aller zu suchen. Diese Einladung darf unter keinen Umständen verdunkelt werden! (Nr. 39).

Den korrigieren, der irrt

Es ist ein Werk der Barmherzigkeit, das von einem klassischen Text des Matthäusevangeliums inspiriert wird, wenn dieses die Konflikte im Schoß der Gemeinde so behandelt, dass es die Betonung vom Rechtsdenken auf eine mehr kirchliche und seelsorgerische Perspektive verschiebt, in einem Text, der Folgendes sagt: „Wenn dein Bruder sündigt, dann geh zu ihm und weise ihn unter vier Augen zurecht. Hört er auf dich, so hast du deinen Bruder zurückgewonnen. Hört er aber nicht auf dich, dann nimm einen oder zwei Männer mit, denn jede Sache muss durch die Aussage von zwei oder drei Zeugen entschieden werden. Hört er auch auf sie nicht, dann sag es der Gemeinde. Hört er aber auch auf die Gemeinde nicht, dann sei er für dich wie ein Heide oder ein Zöllner" (Mt 18,15-17; vgl. Tit 3,10).

Die Frage der brüderlichen Zurechtweisung ist im Neuen Testament relativ präsent, und bei ihrem Gebrauch sieht man einen bemerkenswerten Realismus! In diesem Sinn empfiehlt es sich also, festzustellen, dass die Zurechtweisung nicht als Richten geschehen soll, sondern als ein Dienst der Wahrheit und der Liebe gegenüber dem Bruder, denn sie richtet sich an den Sünder nicht wie an einen Feind, sondern wie an einen Bruder (vgl. 2 Thess 3,15), und kann so das Ergebnis haben, einen Bruder zu dem Leben zurückzuführen, das er im Begriff war zu verlieren (vgl. Jak 5,19 f.; Ps 51,15).

Diese brüderliche Zurechtweisung erfolgt mit Festigkeit (vgl. Tit 1,13), aber ohne Härten (vgl. Ps 6,2), ohne den zu erbittern oder zu demütigen, der ermahnt wird (vgl. Eph 6,4), und kann von einem jungen Menschen gegenüber einem älteren ausgeführt werden, aber mit Beachtung seiner Situation (vgl. 1 Tim 5,1). Außerdem gilt: „Jede Züchtigung scheint zwar für den Augenblick nicht Freude zu bringen, sondern Schmerz; später aber schenkt sie denen, die durch diese Schule gegangen sind, als Frucht den Frieden und die Gerechtigkeit" (Hebr 12,11).

Die brüderliche Zurechtweisung erfordert Unterscheidungsgabe: einen günstigen Augenblick wählen; sie so ausüben, dass die Selbstachtung des Bruders wächst und nicht geschmälert wird; vermeiden, dass dies die einzige Weise ist, in der man mit jenem Bruder in Beziehung steht; sie bezüglich wirklich wesentlicher Dinge ausüben; mehr befreien als richten und verurteilen wollen; korrigieren in dem Wissen, dass man selbst ein Sünder ist und der Zurechtweisung bedarf. Wenn all das geschieht, kann die brüderliche Zurechtweisung, zu der das Werk der Barmherzigkeit „den korrigieren, der irrt" auffordert, Frucht von Segen und Frieden bringen (vgl. L. Manicardi).

Einen versöhnlichen Geist haben

Die Praxis der drei Werke der geistigen Barmherzigkeit – *den Traurigen trösten, die Beleidigungen verzeihen, die unangenehmen Menschen mit Geduld ertragen* – fördert den versöhnlichen Geist. Die drei Werke gehören zu der Haltung eines versöhnlichen Menschen, und das ist eine fundamentale Eigenschaft des Jüngers Christi. Ein versöhnlicher Geist erkennt die eigene Notwendigkeit an, sich mit Gott zu versöhnen. Tatsächlich kann man nicht trösten, verzeihen und die Ungerechtigkeiten geduldig ertragen, wenn man sich nicht als Schuldner Christi betrachtet, der uns ohne Unterlass die den Weg der Versöhnung mit Gott anbietet (vgl. J. F. Keenan).

Den Traurigen trösten

Jerusalem hat in seiner Geschichte die Erfahrung der totalen Verlassenheit gemacht. Entblößt von allem Trost seitens ihrer Verbündeten (vgl. Klgl 1,19) ruft die Stadt aus: „Der Herr hat mich verlassen, Gott hat mich vergessen“ (Jes 49,14; 54,6-10), aber in Wirklichkeit war der Herr ihr wahrer Tröster, als er verkündete: „Tröstet, tröstet mein Volk, sagt euer Gott“ (Jes 40,1). „Denn der Herr hat sein Volk getröstet und sich seiner Armen erbarmt“ (Jes 49,13).

Gott tröstet sein Volk wahrhaft mit der Güte eines Hirten (vgl. Jes 40,11; Ps 23,4), der Zuneigung eines Vaters, der Glut eines Bräutigams und eines Ehemannes (vgl. Jes 54) und mit der Zärtlichkeit einer Mutter (vgl. Jes 49,14 f.; 66,11-13). Und deshalb hat er seinem Volk seine Verheißung (vgl. Ps 119,50), seine Liebe (vgl. Ps 119,76), das Gesetz und die Propheten (vgl. 2 Makk 15,9) und die Schriften (vgl. 1 Makk 12,9; Röm 15,4) geschenkt, die ihm erlauben, die Trostlosigkeit zu überwinden und in der Hoffnung zu leben.

Jesus wird dann als ein Messias vorgestellt, der der „Trost Israels“ ist (Lk 2,25), und er ist als „Tröster“ (1 Joh 2,1) bekannt. Er verkündet: „Selig die Trauernden, denn sie werden getröstet werden“ (Mt 5,5). Auch gibt er denen Mut, die von ihren Sünden oder von schicksalhaften Krankheiten niedergedrückt werden (vgl. Mt 9,2.22) und bietet all denen Erleichterung, die müde und erschöpft sind (vgl. Mt 11,28-30).

Paulus entwirft dann die Grundlage für eine christliche Theologie des Trostes in seiner Eröffnung der Zweiten Briefs an die Korinther: „Gepriesen sei der Gott und Vater Jesu Christi, unseres Herrn, der Vater des Erbarmens und der Gott allen Trostes. Er tröstet uns in all unserer Not, damit auch wir die Kraft haben, alle zu trösten, die in Not sind, durch den Trost, mit dem auch wir von Gott getröstet werden. Wie uns nämlich die Leiden Christi überreich zuteil geworden sind, so wird uns durch Christus auch überreicher Trost zuteil“ (2 Kor 1,3-5).

Derselbe Paulus erinnert dann daran, dass Christus die Quelle allen Trostes ist („der Trost Christi“: Phil 2,1) und dass in der Kirche die „Trostfunktion“ wesentlich ist, weil sie bezeugt, dass Gott ohne Unterlass die Armen und Betrübten tröstet (vgl. 1 Kor 14,3; Röm 15,5; 2 Kor 7,6; vgl. Sir 48,24).

Es ist bedeutsam, dass die Offenbarung des Johannes das bewegende Bild eines neuen Himmels und einer neuen Erde zeichnet, in denen der höchste Trost sein wird, dass „Gott alle Tränen abwischt“ (Offb 7,17), denn: „Der Tod wird nicht mehr sein, keine Trauer, keine Klage, keine Mühsal. Denn was früher war, ist vergangen“ (Offb 21,4).

Die Beleidigungen verzeihen

Die biblische Offenbarungsgeschichte ist die Geschichte der Offenbarung des Gottes, der „zur Vergebung fähig“ ist (vgl. Ex 34,6 f.; Ps 86,5; 103,3), eine Erkenntnis, die zur Überwindung des Gesetzes der Vergeltung („Auge um Auge, Zahn um Zahn“: Ex 21,24) führt, die in Jesus Christus in all ihrer Fülle geschieht, wenn er sagt: „Ihr habt gehört, dass gesagt worden ist: Auge für Auge und Zahn für Zahn. Ich aber sage euch: Leistet dem, der euch etwas Böses antut, keinen Widerstand [...]. Liebt eure Feinde und betet für die, die euch verfolgen [...]. Wenn ihr nämlich nur die liebt, die euch lieben, welchen Lohn könnt ihr dafür erwarten? Tun das nicht auch die Zöllner?“ (Mt 5,38.44.46).

Dieser fundamentale Text des Christentums präsentiert sich auf einzigartige Weise als „eine letzte Verabsolutierung“ (U. Luz) dieser Liebe zu den Feinden, die in allgemeiner Form im Judentum und in einigen anderen Religionen und Philosophien gegenwärtig ist (Buddhismus, Taoismus, Indien, griechische Welt der Stoik usw.). Der Unterschied zu diesen liegt im christlichen Gottesbild, das sich in Jesus zeigt, der auf einzigartige Weise in der Geschichte handelt. Tatsächlich entspricht die Extremforderung der Feindesliebe ganz besonders der extremen Liebe Gottes in Jesus: „Da er die Seinen, die in der Welt waren, liebte, erwies er ihnen seine Liebe bis zur Vollendung“ (Joh 13,1).

Es lässt sich nicht leugnen, dass die Feindesliebe vom menschlichen Standpunkt her gesehen sicherlich das anspruchsvollste Gebot Jesu ist, das von alters her als das Unterscheidungsmerkmal des christlichen Lebens und Verhaltens betrachtet wurde. Es handelt sich um ein Gebot, welche das Neueste und Eigenste des Christentums ausdrückt, denn:

„Wer den nicht liebt, der ihn hasst, ist kein Christ“ (*Zweiter Klemensbrief*, 13 f.), weil die Feindesliebe das „Grundgesetz“ ist (Tertullian, *Über die Geduld*, 6) und die „höchste Essenz der Tugend“ (hl. Johannes Chrysostomus, *Kommentar zum Matthäusevangelium*, 18,3 f.) (vgl. W. Kasper).

Für den hl. Thomas von Aquin gehört die Verzeihung den Feinden gegenüber „zur Vollkommenheit der Liebe“ (*ST II–II, q.25, a.8*). Daher kommt die Bedeutung der Vergebung für die Ausübung dieses Werkes der Barmherzigkeit, die sich sehr gut im Gebet des Vaterunsers zeigt, wenn es heißt: „Und vergib uns unsere Schuld, wie auch wir vergeben unsern Schuldigern“ (vgl. Mt 6,12; Lk 11,4).

Hier ist auch das *Sakrament der Buße* oder der *Versöhnung* von entscheidender Bedeutung, bezüglich dessen Papst Franziskus aus Anlass des Jubiläumsjahres der Barmherzigkeit erinnert: „Viele Menschen suchen erneut das Sakrament der Versöhnung, darunter viele Jugendliche […], (und so) stellen wir das Sakrament der Versöhnung erneut ins Zentrum, denn darin können wir mit Händen die Größe der Barmherzigkeit greifen. Das Sakrament wird für jeden Bußfertigen eine Quelle wahren inneren Friedens sein. Ich werde nicht müde zu wiederholen, dass die Beichtväter ein wahres Zeichen der göttlichen Barmherzigkeit sein sollen“ (*Das Antlitz der Barmherzigkeit*, Nr. 17).

Sodann wäre es wegen des ihr innewohnenden Wertes sowohl als Einleitung in die Eucharistie als auch als konkreter Ausdruck der sündigen Verfasstheit der christlichen Gemeinde (vgl. LG 8) angebracht, die in den Eingangsriten der Eucharistie enthaltene Bußvorbereitung neu wertzuschätzen. Darin wendet sich das Gottesvolk an seinen Herrn, bekennt sich als Sünder und bereitet sich auf den Empfang der Gabe Gottes vor. Es handelt sich um einen „Bußakt", der häufig mit den drei Anrufungen des „Herr / Christus / Herr, erbarme dich" (*Kyrie / Christe / Kyrie eleison*) verbunden wird, in denen die Hirten und die Gläubigen zusammen sich als Sünder bekennen und der gemäß der *Grundordnung des Römischen Messbuches* (1970) eine Versöhnungsdynamik enthält, die es verdient, betont zu werden: „Dann lädt der Priester zum Bußakt ein; er wird nach einer kurzen Stille von der ganzen Gemeinschaft mit den Worten des *Allgemeinen Schuldbekenntnisses* vollzogen und durch die Vergebungsbitte des Priesters abgeschlossen […]" (Nr. 51).

In diesem Kontext versteht man außerdem, dass aus Anlass des Großen Jubiläums im Jahr 2000 die Internationale Theologische Kommission den Text *Erinnern und Versöhnen: Die Kirche und die Verfehlungen in ihrer Vergangenheit* veröffentlicht hat, wo sie deren kirchliche Dimension darlegt, denn:

Ihre Vergebungsbitte ist kein Trick, der sich mit Demut tarnt. Die Vergebungsbitte ist auch keine Absage an ihre zweitausendjährige Geschichte, die so reich ist in allen Bereichen der Caritas, der Kultur und der Heiligkeit. Die Kirche antwortet jedoch auf eine unwidersprechliche Herausforderung der Wahrheit, dass es neben all den positiven Aspekten auch die menschlichen Grenzen und Schwächen gegeben hat, die in vielen Generationen der Jünger Christi zu verzeichnen sind. Die erkannte Wahrheit ist Quelle der Versöhnung und des Friedens […], und die Kirche [kann] „die Schwelle des neuen Jahrtausends nicht überschreiten, ohne ihre Kinder dazu anzuhalten, sich durch Reue von Irrungen, Treulosigkeiten, Inkonsequenzen und Verspätungen zu reinigen. Das Eingestehen des Versagens von gestern ist ein Akt der Aufrichtigkeit und des Mutes. Wir alle dürfen mit einem neuen Morgen rechnen. (Zusammenfassung und Ausblick)

Die unangenehmen Menschen mit Geduld ertragen

Die weisheitliche Überlieferung betont mit Nachdruck, dass gegenüber Brüdern, die uns irritieren, der Weise an Folgendes denkt: „Besser ein Langmütiger als ein Kriegsheld, besser, wer sich selbst beherrscht, als wer Städte erobert" (Spr 16,32); „Mit Geduld wird ein Vorgesetzter umgestimmt, sanfte Zunge bricht Knochen" (Spr 25,15); und: „Besser der Ausgang einer Sache als ihr Anfang, besser der Vorsichtige als der Stürmische" (Koh 7,8).

Ijob ist der Inbegriff der Geduld, und es wird daran erinnert: „Im Lande Uz lebte ein Mann mit Namen Ijob. Dieser Mann war untadelig und rechtschaffen; er fürchtete Gott und mied das Böse" (Ijob 1,1), und er sagte: „Nackt kam ich hervor aus dem Schoß meiner Mutter; nackt kehre ich dahin zurück. Der Herr hat gegeben, der Herr hat genommen; gelobt sei der Name des Herrn" (Ijob 1,21). „Und Ijob sprach zu ihr: Wie eine Törin redet, so redest du. Nehmen wir das Gute an von Gott, sollen wir dann nicht auch das Böse annehmen? Bei all dem sündigte Ijob nicht mit seinen Lippen" (Ijob 2,10). Der Jakobusbrief erwähnt die berühmte „Geduld des Ijob" und präzisiert, dass sie Ausdruck der Barmherzigkeit des Herrn ist: „Wer geduldig alles ertragen hat, den preisen wir glücklich. Ihr habt von der Ausdauer des Ijob gehört und das Ende gesehen, das der Herr herbeigeführt hat. Denn der Herr ist voll Erbarmen und Mitleid" (Jak 5,11).

Die Nachahmung der Geduld Jesu betont sodann, dass er, weit davon entfernt, mit den Sündern unnachgiebig zu sein (vgl. Mt 18,23-35), tolerant war, denn „[euer Vater im Himmel] lässt seine Sonne aufgehen über Bösen und Guten" (Mt 5,45). Diese Geduld ist genau wie die Liebe eine „Frucht des Geistes" (Gal 5,22; vgl. 1 Kor 10,13; Kol 1,11), reift in der Prüfung (vgl.

Röm 5,3-5; Jak 1,2-4) und gebiert eine Beständigkeit und Hoffnung, die niemals enttäuschen werden (vgl. Röm 5,5). Deshalb verkündet das Hohelied der Liebe des Paulus (1 Kor 13,1-13) dass „die Liebe geduldig ist" und dass sie „alles erträgt" (V. 4.7).

In diesem Kontext müssen wir bedenken, dass „die Geduld eine Kunst ist" (L. Manicardi). Das ist sie tatsächlich, wenn sie geduldig auf freie und liebevolle Weise eine Beziehung mit jemand erträgt, der nervend, unsympathisch, schwerfällig und unverständig ist, denn das liegt auf einer Linie mit der Feindesliebe (vgl. Mt 5,38-48; Lk 6,27-35). Und sodann ist sie es, wenn diese Haltung ein Nachdenken über uns selbst fördert, um in uns selbst das zu entdecken, was auch nervend und unerträglich für uns selbst ist und es auch für andere sein kann; denn Gott hat uns in Christus geduldig ertragen und uns so auf bedingungslose Weise geliebt und uns erinnert: „Seid gütig zueinander, seid barmherzig, vergebt einander, weil auch Gott euch durch Christus vergeben hat" (Eph 4,32).

Beten

Zu Gott für die Lebenden und die Tote beten

Zu Gott für die Lebenden und die Tote beten erscheint wie ein Abschluss dieser sieben Werke der geistigen Barmherzigkeit unter dem Aspekt der Zusammenfassung, denn das Gebet ist eine Gabe Gottes in seiner Beziehung zu den Menschen, denn tatsächlich gilt: „Ob wir es wissen oder nicht, im Gebet begegnet der Durst Gottes unserem Durst. Gott dürstet danach, dass wir nach ihm dürsten" (*Katechismus der Katholischen Kirche*, Nr. 2560). Es gilt ganz grundsätzlich: „Das christliche Gebet ist eine Bundesbeziehung zwischen Gott und dem Menschen in Christus" (Nr. 2564), und deshalb trägt es alle Werke der Barmherzigkeit.

In der christlichen Überlieferung gibt es einen Leitfaden, um den Sinn des Gebets und seine Beziehung zum Leben zu verstehen, mit dem berühmten Diptychon der *Regel des hl. Benedikt* (5. Jh.), das die gesamte Spiritualität geformt hat, nicht nur die monastische, sondern auch die allgemeine, und das sagt: „Bete und arbeite" (*ora et labora*). Im Gefolge dieses Geistes hat der hl. Ignatius von Loyola dieses Diptychon erklärt und gesagt: „Betet, als ob alles von Gott abhinge, und arbeitet, als ob alles von euch abhinge" (vgl. *Katechismus der Katholischen Kirche*, Nr. 2834).

Dieses Werk der Barmherzigkeit hebt außerdem die „Gemeinschaft der Heiligen" in der Kirche hervor, die im *Römischen Katechismus* aus dem 16. Jahrhundert so beschrieben wird: „Alles, was die Kirche besitzt, ist gemeinsamer Besitz derer, die ihr angehören; alle [Getauften] sind zum Wohl der anderen gegeben (vgl. 1 Kor 12,23; Eph 4,11)" (Nr. I,9.a.c). Es handelt sich definitiv um die Gemeinschaft der Kirchenmitglieder, sowohl derer, die noch auf Erden pilgern, als auch der Seligen im Himmel, und alle werden als „Heilige“ charakterisiert, dank der Tatsache, dass sie getauft sind.

Es war dann das *Zweite Vatikanische Konzil*, das diese „Gemeinschaft der Heiligen“ so beschrieb: „Wir alle jedoch [d.h.die Jünger des Herrn, sowohl die noch pilgernden als auch die schon verstorbenen] haben, wenn auch in verschiedenem Grad und auf verschiedene Weise, Gemeinschaft in derselben Gottes- und Nächstenliebe und singen unserem Gott denselben Lobgesang der Herrlichkeit. Alle nämlich, die Christus zugehören und seinen Geist haben, wachsen zu der einen Kirche zusammen und sind in ihm miteinander verbunden (vgl. Eph 4,16). Die Einheit der Erdenpilger mit den Brüdern, die im Frieden Christi entschlafen sind, hört keineswegs auf, wird vielmehr nach dem beständigen Glauben der Kirche gestärkt durch die Mitteilung geistlicher Güter“ (LG 49). Denn: „Folglich leiden, wenn ein Glied leidet, alle Glieder mit, und wenn ein Glied Ehre empfängt, freuen sich alle Glieder mit (vgl. 1 Kor 12,26)“ (LG 7).

In diesem Kontext versteht man, dass man, wenn man für einen Lebenden betet, ihn unter den liebenden und vorsorgenden Blick Gottes stellt und für ihn die Gabe Gottes und seinen Segen erbittet, damit sie ihn auf seinem Lebensweg stärken (vgl. Eph 1,3-14). Das bedeutet nicht, dass man notwendigerweise die konkrete Erfüllung alles dessen erwarten darf, um das man gebetet haben mag, sondern dass aus Anlass einer „konkreten“ Bittstellung das christliche Fürbittgebet jede Bitte in den umfassenderen Kontext der zentralen Anrufung Christi im Vaterunser stellt, in dem dieser bittet: „Dein Wille geschehe, wie im Himmel, so auf Erden“ (vgl. Mt 6,10), und was dramatisch durch denselben Jesus in Getsemani wiederholt wird, mit einem ausdrücklichen „Dein Wille geschehe" (Mt 26,42).

Und in diesem Sinn dient das Fürbittgebet in erster Linie dazu, sich darauf vorzubereiten und dafür zu öffnen, den Willen Gottes, was immer er auch sei, „anzuerkennen" und zu „leben"; denn: „Wir haben ihm gegenüber die Zuversicht, dass er uns hört, wenn wir etwas erbitten, das seinem Willen entspricht" (1 Joh 5,14), und so enthält der klassische und sehr populäre Ausdruck „So Gott will" (Apg 18,21; 1 Kor 4,19; Jak 4,15) einen ständigen Hinweis auf das tiefe und manchmal unergründliche „Geheimnis des Willens Gottes" (Eph 1,9 im Kontext von Eph 1,3-14)!

Andererseits spricht die Heilige Schrift auch vom Gebet für die Toten, das auf dem Glauben an die Auferstehung beruht, denn: „Hätte er nicht erwartet, dass die Gefallenen auferstehen werden, wäre es nämlich überflüssig und sinnlos gewesen, für die Toten zu beten" (2 Makk 12,41-45; hier: 44). Es handelt sich um ein Bitten, in dem die Kirche als „Gemeinschaft der Heiligen" gegenwärtig ist, besonders als Gemeinschaft mit denjenigen, die gestorben sind, und das so den Glauben ausdrückt, dass das Leben über den Tod hinausgeht. Somit wird die herrliche Bibelstelle, dass „die Liebe stärker ist als der Tod" (Hld 8,6), zu einer lebendigen Realität!

Zum Abschluss

Die Werke der Barmherzigkeit: Konkretes Zeugnis der vorrangigen Liebe zu den Armen

Die Formel der „vorrangigen Option für und die Liebe zu den Armen", die in einem so universalen Dokument wie dem *Katechismus der Katholischen Kirche* mit seinem *Kompendium* aufgenommen wurde, gibt uns eine wertvolle Zusammenfassung der Bedeutung der leiblichen und geistlichen Werke der Barmherzigkeit als konkretes und sichtbares Zeugnis dieser vorrangigen Option. Es handelt sich um eine Formel, die insbesondere auf dem lateinamerikanischen Kontinent entstand, in der Nachkonzilszeit stetig wuchs und für die ganze Katholische Kirche paradigmatisch wurde, die sie deshalb in den im Jahr 1992 veröffentlichen *Katechismus* aufgenommen hat.

In diesem Kontext hat Papst Franziskus in seinem ersten Apostolischen Schreiben (2013) diese Kategorie fest konsolidiert und sie als eine vorrangige Option und eine Liebe bestätigt, die für unsere Kirche nicht optativ sind, sondern die eine grundlegende Frage des Evangeliums ist, da „Gott ihnen [d.h. den Armen] „seine erste Barmherzigkeit" gewährt (*Evangelii gaudium*, Über die Verkündigung des Evangeliums in der Welt von heute, Nr. 198). Derselbe Papst erwähnt diese „vorrangige Option für die Ärmsten" erneut in seiner jüngeren Enzyklika *Laudato si'*, Über die Sorge für das gemeinsame Haus, als eine bedeutsame Entsprechung zum Begriff des „Gemeinwohls" (vgl. Nr. 158).

In diesem Sinne hat Papst Franziskus mit Nachdruck in seinem Schreiben *Über die Verkündigung des Evangeliums in der Welt von heute* wiederholt: „Das ist eine so klare, so direkte, so einfache und viel sagende Botschaft, dass keine kirchliche Hermeneutik das Recht hat, sie zu relativieren. [...] Das gilt vor allem für die biblischen Ermahnungen, die mit großer Bestimmtheit zur Bruderliebe, zum demütigen und großherzigen Dienst, zur Gerechtigkeit und zur Barmherzigkeit gegenüber dem Armen auffordern" (Nr. 194). Kurz vorher antwortet der Papst auf die Frage: Und die am meisten Begünstigten, diejenigen, die nicht arm sind oder nicht in einer Marginalisierungssituation leben, wie müssen die diese vorrangige Option für die und Liebe zu den Armen mit den Werken der Barmherzigkeit verwirklichen? Die Antwort ist einer vorzüglichen Reflexion von Paul VI. entnommen, die vielleicht wenig bekannt ist und in der eine umfassende entscheidende Orientierung für so viele „nicht arme" Christen gegeben wird, wenn es heißt: „Die am meisten Begünstigten müssen auf einige ihrer Rechte verzichten, um mit größerer Freigebigkeit ihre Güter in den Dienst der anderen zu stellen" (Nr. 190; zitiert wird Paul VI. [1971], *Octogesima adveniens*, Zum 80. Jahrestag der Enzyklika *Rerum novarum*, Nr. 23).

In diesem Kontext findet sich in dem zitierten Apostolischen Schreiben von Papst Franziskus ein ganzer Abschnitt über den „bevorzugten Platz der Armen im Volk Gottes" (Nr. 197–201), in dem mit Nachdruck das Wort „Barmherzigkeit" erscheint, und der Folgendes sagt:

Im Herzen Gottes gibt es einen so bevorzugten Platz für die Armen, dass er selbst „arm wurde" (2 Kor 8,9). [...] Denen, die unter der Last von Leid und Armut lebten, versicherte er, dass Gott sie im Zentrum seines Herzens trug: „Selig, ihr Armen, denn euch gehört das Reich Gottes" (Lk 6,20); mit ihnen identifizierte er sich: „Ich war hungrig, und ihr habt mir zu essen gegeben" und lehrte, dass die Barmherzigkeit ihnen gegenüber der Schlüssel zum Himmel ist (vgl. Mt 25,35 f.) (Nr. 197).

Für die Kirche ist die Option für die Armen in erster Linie eine theologische Kategorie und erst an zweiter Stelle eine kulturelle, soziologische, politische oder philosophische Frage. Gott gewährt ihnen „seine erste Barmherzigkeit" (Johannes Paul II.). Diese göttliche Vorliebe hat Konsequenzen im Glaubensleben aller Christen, die ja dazu berufen sind, so gesinnt zu sein wie Jesus (vgl. Phil 2,5). Von ihr inspiriert, hat die Kirche eine Option für die Armen gefällt, die zu verstehen ist als „besonderer Vorrang in der Weise, wie die christliche Liebe ausgeübt wird; eine solche Option wird von der ganzen Tradition der Kirche bezeugt" (*Sollicitudo rei socialis*, 1987, von Johannes Paul II.). Diese Option, lehrte Benedikt XVI., ist „im christologischen Glauben an jenen Gott implizit enthalten, der für uns arm geworden ist, um uns durch seine Armut reich zu machen" (*Ansprache zur Eröffnung der Arbeiten der V. Generalversammlung der Bischöfe von Lateinamerika und der Karibik, 13. Mai 2007*). Aus diesem Grund wünsche ich mir eine arme Kirche für die Armen. [...]. Wir sind aufgerufen, Christus in ihnen zu entdecken, uns zu Wortführern ihrer Interessen zu machen, aber auch ihre Freunde zu sein, sie anzuhören, sie zu verstehen und die geheimnisvolle Weisheit anzunehmen, die Gott uns durch sie mitteilen will. (Nr. 198)

Diese vorrangige Option für und die Liebe zu den Armen beinhaltet eine Auffassung und ein Verständnis der verschiedenen Klassen von Armut, auf die sich die leiblichen und geistigen Werke der Barmherzigkeit beziehen.

Die vier Klassen der Armut, nach denen sich die Werke der Barmherzigkeit strukturieren

Wir können beobachten, dass die Aufzählung der vierzehn Werke der Barmherzigkeit, also der sieben leiblichen und der sieben geistigen, vier Klassen von Armut entspricht (vgl. W. Kasper). Die elementarste ist die *physische oder wirtschaftliche Armut*, z. B. Hunger und Durst zu leiden, kein Dach über dem Kopf zu haben und keine Kleidung auf dem Leib. Auch das Gefangensein und Krankheiten sowie schwere Behinderungen kann man dieser Kategorie hinzufügen. Diese Armut wird in den Werken Nr. 1, 2, 3 und 4 der leiblichen Barmherzigkeit bezeugt.

Nach der physischen Armut folgt die *kulturelle Armut*. Das deutlichste Phänomen dafür ist der Analphabetismus, der aber nur das sichtbare Zeichen eines Mangels an Bildungschancen ist, der Menschen definitiv eine bessere Zukunft vorenthält und sie gesellschaftlich und kulturell ausschließt. Das ist eine Armut, auf welche die geistigen Werke der Barmherzigkeit Nr. 1, 2 und 3 antworten.

Als dritte Form begegnet uns die *soziale Armut*, d. h. die Armut an Sozialkontakten, wobei die sichtbarsten Phänomene Vereinsamung und Zurückgezogenheit sind. Dazu können der Tod des Ehepartners oder naher Verwandter und Freunde führen, aber auch innere und äußere Schwierigkeiten der gesellschaftlichen Kommunikation in all ihren Formen. Diskriminierung und Marginalisierung führen zur Einsamkeit genauso wie die Isolierung durch Gefangenschaft und Exilierung. Auf diese Armut antworten die Werke Nr. 5, 6 und 7 der leiblichen Barmherzigkeit und Nr. 5 und 6 der geistigen.

Schließlich gibt es die *spirituelle Armut* und die Armut

des Gemüts, die sich in Desorientierung, innerer Leere, Trostlosigkeit und Verzweiflung zeigt. Auch Zweifel am Sinn der eigenen Existenz, moralische und spirituelle Verwirrung, die Abwendung von sich selbst, das Fehlen oder die Marginalisierung der religiösen Dimension, Apathie und Gleichgültigkeit gehören in diese Kategorie, denen sich die geistigen Werke der Barmherzigkeit Nr. 4 und 7 zuwenden.

Es ist ganz klar, dass die Werke der leiblichen und geistigen Barmherzigkeit sich gegenseitig befruchten müssen. Tatsächlich ist die materielle Hilfe, welche die leiblichen Werke voraussetzen, für die *physische Armut* fundamental, aber zur christlichen Barmherzigkeit gehört es auch, die *kulturelle, soziale und geistliche/spirituelle Armut* zu lindern, wozu die geistigen Werke der Barmherzigkeit beitragen. All das, nicht um Bedürftige in einer Situation von permanenter Abhängigkeit zu halten, sondern um ihnen „Hilfe zur Selbsthilfe" anzubieten (W. Kasper). Daher gilt es, den ganzheitlichen Charakter der Werke der Barmherzigkeit zu sehen und sich der verschiedenen Dimensionen der Armut bewusst zu sein.

Die Werke der Barmherzigkeit als etwas, das mehr ist als Gerechtigkeit

Wir müssen feststellen, dass weder die leiblichen Werke der Barmherzigkeit noch erst recht nicht die geistigen sich auf Gebote des *Gesetzes Gottes* beziehen, wie es bei den sechs Werken der barmherzigen Liebe im Endgericht von Mt 25 deutlich wird, wo keine Sünder verurteilt werden, die irgendeines der Gebote übertreten hätten. Stattdessen bezieht sich die Verurteilung durch Jesus auf die Unterlassung des Guten – auf die Sünden, die klassischerweise Unterlassungssünden genannt werden! –, denn es geht darum, die größtmögliche

Gerechtigkeit zu verwirklichen, wie uns die Bergpredigt erinnert: „Wenn eure Gerechtigkeit nicht weit größer ist als die der Schriftgelehrten und der Pharisäer, werdet ihr nicht in das Himmelreich kommen" (Mt 5,20).

Diese „weit größere Gerechtigkeit", zu der die Bergpredigt des Matthäus auffordert, ist eine qualitative Intensivierung des Lebens Gott gegenüber, nicht lediglich eine quantitative; denn sie besteht nicht nur in der detailierteren Erfüllung des Gesetzes, sondern realisiert sich in der Form von Hingabe und Dienst nach dem Beispiel der „extremen" Liebe Gottes, die sich in Jesus Christus zeigt („er liebte sie bis zum Ende", „extrem": Joh 13,1). Aus diesem Grund kann man durch Unterlassung sündigen bezüglich dieser Liebe zu denen Armen und den Bedürftigsten; denn die Barmherzigkeit geht über die Gerechtigkeit hinaus, weil es bei ihr darum geht, volle Aufmerksamkeit und großzügige Liebe zu gewähren und radikaler sensibel und solidarisch gegenüber allen Formen von Armut und Marginalisierung zu sein. Das ist das Verständnis, das Papst Franziskus ausdrückt, wenn er schreibt: „Die Barmherzigkeit steht also nicht im Gegensatz zur Gerechtigkeit. Sie drückt vielmehr die Haltung Gottes gegenüber dem Sünder aus, dem Er eine weitere Möglichkeit zur Reue, zur Umkehr und zum Glauben anbietet" (*Das Antlitz der Barmherzigkeit*, Nr. 21).

Sodann gilt, wie uns Benedikt XVI. erinnert: „Liebe – *Caritas* – wird immer nötig sein, auch in der gerechtesten Gesellschaft. Es gibt keine gerechte Staatsordnung, die den Dienst der Liebe überflüssig machen könnte. Wer die Liebe abschaffen will, ist dabei, den Menschen als Menschen abzuschaffen. Immer wird es Leid geben, das Tröstung und Hilfe braucht. Immer wird es Einsamkeit geben. Immer wird es auch die Situationen materieller Not geben, in denen Hilfe im Sinn gelebter Nächstenliebe nötig ist" (*Deus caritas est*, Über die christliche Liebe, Nr. 28).

Auf diese Weise gilt für die Reflexion über die *leiblichen und geistlichen Werke der Barmherzigkeit* aus Anlass des Jubiläums nach den Worten von Papst Franziskus: „Das wird eine Form sein, unser Gewissen, das gegenüber dem Drama der Armut oft eingeschlafen ist, wachzurütteln und immer mehr in die Herzmitte des Evangeliums vorzustoßen, in dem die Armen die Bevorzugten der göttlichen Barmherzigkeit sind" (*Das Antlitz der Barmherzigkeit*, Nr. 15).

Maria: Mutter der Barmherzigkeit

Eine aufmerksame Betrachtung der Verkündigungsszene (vgl. Lk 1,26-38) sowie des *Magnificats* (vgl. Lk 1,46-55), wo in Vers 50 ausdrücklich die „Barmherzigkeit" erwähnt wird, zusammen mit der Hochzeit von Kana (vgl. Joh 2,1-12) und der Szene von Maria unter dem Kreuz (vgl. Joh 19,26 f.) bietet uns ein kostbares biblisches Kompendium des Handelns der göttlichen Barmherzigkeit in Maria, die in diesem Jubiläumsjahr mit Nachdruck die Ausführung sowohl der leiblichen als auch der geistigen Werke der Barmherzigkeit erleuchten kann.

Sodann können wir mit Freude daran denken, dass Maria in einem der bekanntesten an sie gerichteten Gesänge, nämlich dem *Salve Regina* (11. Jh., „Gegrüßet seist du, Königin"), als „Mutter der Barmherzigkeit" angerufen wird. Ihrerseits erinnert die Lauretanische Litanei (12. Jh.) an sie als „Mutter der göttlichen Gnade", „Heil der Kranken", „Trost der Betrübten" und „Hilfe der Christen", alles Ausdrücke, die explizit an die Werke der Barmherzigkeit erinnern.

Enden wir mit dem abschließenden Wunsch von Papst

Franziskus: „Ihr liebevoller Blick [d. h. der Blick von Maria, der Mutter der Barmherzigkeit] begleite uns durch dieses Heilige Jahr, damit wir alle die Freude der Zärtlichkeit Gottes wiederentdecken können. Kein anderer hat so wie Maria die Tiefe des Geheimnisses der Menschwerdung Gottes kennengelernt. Ihr ganzes Leben war geprägt von der Gegenwart der fleischgewordenen Barmherzigkeit. Die Mutter des Gekreuzigten und Auferstandenen ist eingetreten in das Heiligtum der göttlichen Barmherzigkeit, denn sie hatte zutiefst Anteil am Geheimnis seiner Liebe" (*Das Antlitz der Barmherzigkeit*, Nr. 24).

Literatur

Walter Kasper, Die Barmherzigkeit. Grundbegriff des Evangeliums – Schlüssel christlichen Lebens, Freiburg 2012 („Die körperlichen und geistigen Werke der Barmherzigkeit")

John F. Keenan, The Works of Mercy. The Heart of Catholicism, Pastoral Center, Lanham 2008 [= Le opere di misericordia. Cuore del cristianesimo, EDB, Bologna 2010].

Ulrich Luz u. a., Das Evangelium nach Matthäus, EKK 1/3, Neukirchner/Grünewald, 2. Aufl. 1997.

L. Manicardi, La fatica de la Carità, Qiqajon, Bose 2010, 55–198 („Le opere di misericordia").

L. Manicardi, Le opere di misericordia, Ed. CVS, Rom 2009.

I. Noye, „Miséricorde (Oeuvres de)", in: DSp X (1980), 1328–1349.

Salvador Pié-Ninot, Eclesiología, Sígueme, Salamanca 3. Aufl. 2015, 202–203 („sacramento del hermano").

Anton Ziegenaus, Die geistigen Werke der Barmherzigkeit, Leutesdorf 1997.

Inhalt